NUMÉRIQUE ET PARCOURS CLIENT DANS L'IMMOBILIER

DUNOD

Suivi éditorial : Guillaume Clapeau, Sandrine Paniel
Fabrication : Marine Stéphan
Relecture : Danielle Roque
Couverture : Studio Dunod
Mise en pages : Nord Compo

NOUS NOUS ENGAGEONS EN FAVEUR DE L'ENVIRONNEMENT :

PAPIER CERTIFIÉ

Nos livres sont imprimés sur des papiers certifiés pour réduire notre impact sur l'environnement.

Le format de nos ouvrages est pensé afin d'optimiser l'utilisation du papier.

Depuis plus de 30 ans, nous imprimons 70 % de nos livres en France et 25 % en Europe et nous mettons tout en œuvre pour augmenter cet engagement auprès des imprimeurs français.

Nous limitons l'utilisation du plastique sur nos ouvrages (film sur les couvertures et les livres).

11 rue Paul-Bert, 92240 Malakoff
www.dunod.com

ISBN 978-2-10-087015-8

Sommaire

Préface V

Introduction 1

Chapitre 1 ■ La gestion des avis négatifs comme levier de l'e-réputation dans le secteur immobilier 5
Par Nathalie Gardes

Chapitre 2 ■ Rôle et impacts des NAVA dans la gestion de la relation client 57
Par Sandrine Heitz-Spahn et Béatrice Siadou-Martin

Chapitre 3 ■ Expérience client et agences immobilières digitales 91
Par Thierry Cheminant

Chapitre 4 ■ Repenser la relation client : vers une symétrie d'information et d'intention 135
Par Frédéric Distler

Chapitre 5 ■ Quand le BIM révolutionne la relation client 173
Par Fana Rasolofo-Distler

Conclusion 215

Présentation des auteurs 216

Préface

Lorsque la Chaire EREM de l'Université de Lorraine m'a invité, en ma qualité de Président du réseau ORPI, à rédiger la préface de cet ouvrage, j'en ai été profondément honoré. La révolution numérique transforme actuellement tous les secteurs économiques, révolutionnant également les métiers et pratiques dans l'immobilier.

Pour vous présenter brièvement le réseau que je dirige, ORPI, acronyme d'Organisation régionale des professionnels de l'immobilier, est l'un des plus grands réseaux immobiliers en France. Il compte plus de 1 350 agences étendues sur tout le territoire français. Notre réseau coopératif est basé sur un principe de fichiers communs, permettant à chaque agence de partager ses mandats de vente avec les autres membres du réseau afin de maximiser les chances de vente.

Les services que propose Orpi englobent la vente, l'achat, la location, la gestion locative et le syndic de copropriété. Nous employons des outils numériques de pointe pour faciliter les transactions et améliorer l'expérience de nos clients, grâce à une base de données centralisée qui permet de partager les informations sur les biens immobiliers entre les agences du réseau. En outre, au-delà de notre activité dans le secteur résidentiel, Orpi offre également des services dans l'immobilier commercial et d'entreprise, fournissant ainsi une gamme complète de services immobiliers à notre clientèle.

Pour mieux accompagner nos agents dans la transformation de leur métier, Orpi utilise un logiciel métier nommé Sweep Bright. L'objectif est de maximiser l'efficacité de nos agents, leur permettant ainsi de se concentrer pleinement sur l'aspect essentiel de leur activité : la commercialisation des biens immobiliers. Dans le cadre de l'amélioration continue de nos processus et afin d'optimiser la relation client, nous avons enrichi notre écosystème numérique en intégrant des outils tels qu'Urbanease et Price Hubble. Ces outils sont essentiels pour gérer efficacement les informations liées à la prospection et pour faciliter la collecte et le traitement des données, ce qui améliore les estimations immobilières. L'adoption de ces technologies vise uniquement à repositionner nos agents au cœur de la relation client, en les libérant des tâches chronophages et à faible valeur ajoutée.

Cet ouvrage collectif répond pleinement à nos préoccupations ainsi qu'à celles de l'ensemble des professionnels de l'immobilier, qui sont confrontés à la nécessité de numériser leur écosystème pour rester compétitifs et recentrer leurs équipes sur le client. Qu'il s'agisse de promotion, de vente, de location ou de gestion de copropriété, le parcours client devient un élément central et une stratégie à forte valeur ajoutée pour nos entreprises. Ce livre offre une synthèse des principales préoccupations liées à la relation et au parcours client, enrichis par la digitalisation des outils et des processus internes à nos organisations. Nos métiers continuent d'évoluer, et nous misons sur les technologies actuelles et futures pour recentrer les professions immobilières sur l'aspect humain. Après tout, l'immobilier est d'abord et avant tout une relation humaine, basée sur un accompagnement de service exigeant un fort engagement psychologique, social et financier. C'est là le défi des nouvelles technologies de l'information et de la communication, notamment celles fondées sur l'intelligence artificielle : redonner à l'humain toute sa place dans le processus commercial de l'achat et de la vente.

C'est à ces préoccupations que les autrices et auteurs de la Chaire EREM ont apporté des éléments de réponses, à savoir interroger la place du client et du professionnel dans l'univers désormais numérisé des entreprises immobilières.

Guillaume Martinaud,
président d'Orpi

Introduction

Par Fana Rasolofo-Distler

La digitalisation a transformé tous les secteurs économiques et sociaux, offrant de nouvelles opportunités dans l'immobilier, particulièrement dans la gestion de la relation client. Les entreprises immobilières ont, depuis la crise du Covid-19, intégré des outils numériques avancés pour maintenir le contact avec les clients et mener à bien leurs projets. Les plateformes de recherche en ligne, les visites virtuelles, les signatures électroniques, les chatbots et la communication omnicanale ont radicalement changé la relation client, replaçant le consommateur au cœur des préoccupations des entreprises.

L'intensification de la digitalisation dans les processus internes et externes des entreprises immobilières a considérablement amélioré la relation client. Cela se manifeste par une plus grande rapidité dans les réponses, une recherche accrue de la qualité de service et une optimisation du temps que les professionnels consacrent aux clients, permettant ainsi de se concentrer davantage sur les activités à forte valeur ajoutée telles que le conseil et l'accompagnement. Les auteurs de cet ouvrage collectif ont examiné comment les processus digitaux et les outils numériques transforment les activités des professionnels de l'immobilier. Ils ont identifié plusieurs domaines d'activité qui illustrent cette évolution désormais irréversible vers une digitalisation qui favorise un recentrage stratégique sur le client.

Le chapitre 1, rédigé par Nathalie Gardes, se concentre sur la gestion des avis négatifs et leur impact sur l'e-réputation dans le secteur immobilier. L'e-réputation est décrite comme une extension numérique de la réputation traditionnelle, formée par les avis et les interactions en ligne, qui joue un rôle crucial dans la confiance et la crédibilité des agences immobilières. Les avis en ligne, particulièrement dans le secteur immobilier où les services sont intangibles, sont essentiels pour les clients pour évaluer la qualité des services avant de s'engager. Ces avis influencent fortement les perceptions et les décisions des clients. Ce chapitre explore donc en profondeur comment les avis en ligne façonnent l'interaction entre les agences immobilières et leurs clients, mettant en lumière l'importance de la gestion des perceptions et de la communication dans la construction d'une relation client solide.

Le chapitre 2, écrit par Sandrine Heitz-Spahn et Béatrice Siadou-Martin, aborde la relation client dans le contexte immobilier, en mettant l'accent sur l'utilisation des NAVA (Nouvelles aides à la vente ou à l'achat). Les NAVA, qui incluent des outils tels que la visite virtuelle, le *home staging* virtuel et les vitrines connectées, jouent un rôle crucial dans l'amélioration de l'engagement des clients en offrant une expérience plus immersive et informative. Les auteurs discutent des défis que rencontrent les clients pour se projeter dans les espaces immobiliers, un obstacle que les NAVA aident à surmonter en « tangibilisant » les services immobiliers à travers des visualisations améliorées et des interactions plus engageantes. En résumé, ce chapitre met en lumière l'importance croissante des technologies numériques dans la gestion de la relation client dans l'immobilier, en particulier comment elles facilitent et améliorent l'interaction entre les agents et les clients, tout en aidant ces derniers à mieux comprendre et apprécier les propriétés qui leur sont présentées.

Le chapitre 3, écrit par Thierry Cheminant, examine l'évolution et l'impact de la digitalisation dans les agences immobilières, en mettant un accent particulier sur le concept d'agences digitales sans vitrine physique. Les agences immobilières 100 % digitales, sans vitrine physique, sont explorées comme un modèle novateur qui transforme l'expérience client. Ces agences utilisent des plateformes numériques pour interagir avec les clients, offrant une expérience plus flexible et accessible. Dans les agences digitales, la relation avec le client tend à devenir plus directe et personnalisée, avec une utilisation accrue de la communication numérique pour maintenir le contact et construire une relation de confiance, même sans interaction face à face. Ce chapitre souligne l'importance croissante de la digitalisation dans l'immobilier et comment elle redéfinit les interactions et les attentes des clients, posant les bases d'un modèle d'affaires innovant dans le secteur.

Le chapitre 4, écrit par Frédéric Distler, traite en profondeur de l'évolution de la relation client dans l'ère numérique, en particulier dans le secteur immobilier. Le chapitre commence par souligner la symétrie croissante d'information entre les clients et les professionnels grâce à la digitalisation. Les clients, désormais mieux informés et souvent très compétents, forcent les professionnels à adapter leurs rôles, passant de vendeurs à conseillers-accompagnants. Certains clients sont décrits comme des « experts » qui peuvent détenir des connaissances plus approfondies que certains professionnels, affectant ainsi la dynamique traditionnelle client-professionnel. En conclusion, le chapitre décrit une transformation profonde de la relation client dans l'immobilier, où la digitalisation a non seulement changé la manière dont les clients interagissent avec les services immobiliers, mais a également conduit à un rééquilibrage du pouvoir entre clients et professionnels.

Le chapitre 5, écrit par Fana Rasolofo-Distler, explore comment le *Building Information Modeling* (BIM) révolutionne la gestion de la relation client dans le secteur de la construction. Le BIM permet une participation plus active des clients tout au long du processus de conception et de développement d'un bâti. Le BIM est décrit comme un outil stratégique qui favorise l'engagement client en offrant des outils de visualisation, de simulation et de collaboration. Cet engagement va au-delà des simples transactions pour établir des relations plus profondes et continues, augmentant ainsi la fidélité et la valeur à vie du client. En résumé, le BIM est présenté comme un outil essentiel qui transforme non seulement les méthodologies de construction mais aussi la façon dont les entreprises interagissent avec leurs clients, en améliorant la communication, la personnalisation des services et l'engagement global.

Ces recherches entendent répondre à ce fait social qu'est la pénétration des outils numériques et digitaux dans les pratiques et relations clients et des bouleversements que ces technologies occasionnent sur la relation client dans les métiers de l'immobilier. Qu'en est-il de la relation humaine dans l'offre de service ? C'est ce que nous allons découvrir à travers la lecture de ces chapitres, relation humaine qui reste le cœur des métiers de service.

Chapitre 1

La gestion des avis négatifs comme levier de l'e-réputation dans le secteur immobilier

At every word a reputation dies.

Alexander Pope

Par Nathalie Gardes

Avec le développement des médias sociaux apparaît une nouvelle typologie d'internautes qui ont pris la parole pour parler d'eux, mais aussi et surtout des autres. Personne n'est désormais à l'abri d'un avis (positif comme négatif) sur ses actions ou sa personne. L'internaute, dans une posture d'« influenceur » actif et de relais d'information investi de mission pour le bien commun, est donc susceptible de concourir au développement et au maintien ou non de la réputation d'une agence ou d'un agent immobilier.

Définie comme le produit d'un mécanisme social fondé sur l'évaluation collective, l'identité et l'image de l'entreprise (De Villartay, 2020), la réputation est à la fois le fruit des actions/communications contrôlées par l'entreprise et des celles non contrôlées par elle. Elle se forme dans le temps après une impression répétée positive ou négative (Gray et Balmer, 1998). Son importance stratégique découle de sa capacité informative, servant de signal qui oriente les décisions et renforce la confiance des clients et la crédibilité des organisations (Barnett *et al.*, 2006 ; Dolphin, 2004). Elle représente donc un actif intangible de valeur, susceptible de générer des bénéfices économiques significatifs. L'e-réputation, quant à elle, est considérée comme une transposition numérique de la réputation traditionnelle, se distingue par sa médiation technologique. Façonnée par le contenu généré et partagé sur des plateformes en ligne, elle est le reflet des perceptions et des expériences des consommateurs. Contrairement à la réputation traditionnelle, qui est souvent véhiculée par des moyens plus tangibles tels que le bouche-à-oreille ou les médias imprimés, l'e-réputation se caractérise donc par son omniprésence digitale. Cette spécificité lui confère une capacité de transmission sans précédent. Les consommateurs peuvent accéder et partager leurs avis à tout moment et de n'importe où, transformant chaque client en un potentiel vecteur d'impact sur la réputation en ligne de l'entreprise (Shamma, 2012).

Dans le secteur immobilier, l'e-réputation d'une agence est d'autant plus critique en raison de l'intangibilité des services qui rend difficile l'évaluation de leur qualité avant leur réalisation (Berry, 1980). Cette intangibilité entraîne une conséquence négative majeure qui réside dans l'accroissement du risque perçu, ce qui complique inévitablement la prise de décision. Animés par un besoin inné de sécurité et par un désir de contrôle, les clients vont se raccrocher à des indicateurs de confiance pour établir des attentes réalistes et choisir leur agence. À ce titre, les témoignages des clients fournissent des preuves tangibles de la qualité du service, couvrant des aspects tels que la compétence (fiabilité, disponibilité, expertise) et l'efficacité des agents dans la gestion des transactions. En rendant les bénéfices plus perceptibles et compréhensibles avant l'engagement d'un prestataire, les avis clients permettent de « tangibiliser » le service (Zeithaml *et al.*, 1993).

Si chaque commentaire, positif ou négatif, est une pièce du puzzle qui façonne la perception du client et aide à sa prise de décision, une gestion proactive des avis clients devient nécessaire non seulement pour adresser les préoccupations exprimées mais aussi valoriser les expériences positives, favorisant ainsi une image de marque robuste et résiliente. Elle devra non seulement s'assurer de garantir l'utilité et la crédibilité des avis, mais également de veiller à soigner la réponse à tout avis négatif. En effet, l'absence d'une réponse appropriée peut éroder non seulement la confiance du client mais également nuire à la réputation de l'entreprise du fait de la grande visibilité de ces commentaires (Varnali, 2022 ; Kumar *et al.*, 2018). C'est d'ailleurs la raison pour laquelle nombreuses sont les entreprises qui ont adopté des stratégies de Webcare[1] afin de contrer leurs effets potentiellement dévastateurs.

Toutefois, la simple réponse aux avis, bien qu'essentielle pour le maintien d'une image positive, ne constitue pas une solution suffisante. En particulier, les avis négatifs, souvent révélateurs de défaillances dans le service fourni, requièrent une gestion minutieuse et stratégique. Les recherches de Bitner en 1990 ont mis en évidence l'importance des réactions émotionnelles des clients aux défaillances de service, et révélé qu'une réponse rapide et appropriée peut renforcer leur fidélité et leur confiance envers l'entreprise. Cela inclut des excuses sincères et des compensations

1 C'est-à-dire « l'acte d'engager des interactions en ligne avec des consommateurs (plaintifs), en recherchant activement sur le web pour répondre aux retours des consommateurs (par exemple, questions, préoccupations et plaintes) », Van Noort et Willemsen, 2012 : 133.

appropriées (Choi & Choi, 2014), donc des efforts à la fois tangibles et psychologiques.

Ce chapitre explore le rôle des avis en ligne dans la formation de l'e-réputation et examine comment ces avis impactent les perceptions, les attentes et les décisions des clients. Nous discuterons dans une première section de la pertinence de l'e-réputation et de l'influence prépondérante des avis clients dans sa formation et dans les décisions des consommateurs. Nous aborderons les défis et les opportunités associés à la gestion des avis en ligne, en mettant un accent particulier sur les avis négatifs et leur potentiel inexploré pour améliorer le service client et renforcer la confiance. Nous mettrons en lumière l'importance de récupérer le service pour maîtriser son e-réputation. Dans une seconde section, nous aborderons l'utilisation des avis clients par les clients immobiliers ainsi que les pratiques des professionnels.

Le rôle des avis en ligne dans la formation de l'e-réputation immobilière : perceptions, attentes et réalité

L'e-réputation d'une entreprise, également connue sous le nom de web réputation, est devenue un élément incontournable de sa réputation globale. Formée par un éventail d'informations en ligne, des échanges publics aux impressions laissées par tous les acteurs associés à l'entreprise (clients, salariés, partenaires), l'e-réputation est un sujet d'importance stratégique.

Les avis clients au cœur de l'e-réputation

L'e-réputation, tout comme la réputation traditionnelle, est constituée d'un ensemble de croyances partagées collectivement. Sa particularité réside dans son origine, qui provient des contenus numériques, et dans son caractère dynamique, constamment nourri par de nouvelles informations et opinions diffusées sur Internet. Cette forme de réputation est particulièrement volatile, mais aussi extrêmement puissante, car capable d'atteindre rapidement une audience mondiale grâce à la diffusion instantanée qu'offrent les technologies numériques (Proserpio et Zervas, 2017).

L'e-réputation est devenue aujourd'hui un pilier de la confiance et de la crédibilité de toute organisation, influençant fortement les décisions des clients (Barnett *et al.*, 2006 ; Dolphin, 2004). Dans le secteur immobilier, où les enjeux financiers et émotionnels liés à l'achat ou la vente d'un bien sont majeurs, la réputation perçue d'une agence joue un rôle critique dans le choix du prestataire. Acheter ou vendre un bien implique des décisions hautement anxiogènes, risquées et engageantes. Les avis clients, visibles publiquement, sont fondamentaux pour éclairer les consommateurs et guider leurs décisions dans un marché compétitif. Ils agissent comme des signaux directs de la qualité du service offert par une agence, influençant directement la perception de la fiabilité et du professionnalisme de l'entreprise. Par conséquent, chaque commentaire, positif ou négatif, contribue significativement à modeler l'e-réputation d'une agence. Comme l'ont identifié Chevalier et Mayzlin (2006), ces avis façonnent non seulement les attentes des clients potentiels mais aussi la manière dont l'agence est perçue à une échelle plus large.

Ainsi, dans une industrie où la qualité du service ne peut souvent être pleinement évaluée qu'après l'expérience, les avis en ligne deviennent une source essentielle d'information préalable, permettant aux consommateurs de faire des choix éclairés qui reposent sur les expériences d'autres clients. De cette manière, les avis clients deviennent un fondement crucial de l'e-réputation, déterminant la capacité d'une entreprise à attirer de nouveaux clients et à maintenir sa compétitivité sur le marché.

Décrypter la qualité des avis en ligne : crédibilité et utilité en question

Bien que les avis en ligne servent souvent de signaux de qualité pour les clients potentiels en leur offrant un aperçu des expériences d'autres utilisateurs, tous les avis ne sont pas de même qualité : certains sont plus crédibles ou utiles que d'autres pour la prise de décision.

Les consommateurs, devenant de plus en plus experts et critiques vis-à-vis des avis en ligne, analysent ainsi avec attention la fiabilité de ces derniers pour déterminer s'ils peuvent se fier à ces évaluations. Pour cela, ils considèrent plusieurs critères, parmi lesquels le volume occupe une place de choix. En effet, la présence de nombreux avis suggère une notoriété qui peut être rassurante et conforter le consommateur dans son choix. Toutefois pour un consommateur averti, le simple volume d'avis ne garantit plus leur fiabilité. Les avis peuvent être manipulés par divers acteurs, y compris des concurrents qui publient de fausses critiques négatives, ou des professionnels qui rémunèrent la production d'avis positifs. Une certaine méfiance est donc de mise, d'autant plus que distinguer les évaluations authentiques des évaluations manipulées est complexe en raison de leur anonymat ou de leur caractère peu identifiable. Ainsi, pour évaluer la valeur de l'information produite par ces avis, les consommateurs examinent non seulement le volume (nombre total d'avis), mais également la valence (positivité ou négativité de l'avis) et la variance (diversité des opinions exprimées) (Zablocki *et al.*, 2019).

Le principal défi posé par la gestion des avis en ligne réside donc dans leur crédibilité et leur utilité pour la prise de décision. La crédibilité qui fait référence à la fiabilité de certaines informations et/ou de leur source est largement déterminée par l'expertise et la bienveillance prêtées à son auteur (Pavlou & Dimoka, 2006). Cette expertise influence directement la perception des consommateurs, leur confiance, et par incidence leurs décisions d'achat. L'utilité, quant à elle, se rapporte à la mesure de la pertinence des avis pour prendre des décisions éclairées. Nous définissons un avis utile comme une évaluation du produit ou service, générée par des pairs, qui facilite le processus de décision du consommateur. Un avis utile comprend donc une évaluation de la performance, de la qualité et de la fiabilité du produit ou service examiné. Des facteurs tels que les déclarations d'expertise des rédacteurs, la nature positive ou négative des avis, ainsi que le style et la profondeur de l'argumentation, contribuent à faire de ces avis des sources d'information fiables pour les consommateurs.

De nombreuses recherches ont souligné l'interaction complexe entre les trois dimensions que sont la valence, le volume et la variance, et leur impact sur l'utilité perçue des avis. Une méta-analyse récente a révélé que les avis extrêmement positifs ou négatifs, ainsi que le volume total de votes pour un avis et la profondeur des avis, peuvent paradoxalement réduire la perception de son utilité (Hong *et al.*, 2017). Les avis extrêmement positifs peuvent être perçus comme moins crédibles, souvent vus comme exagérément favorables en raison de la personnalité de l'auteur. À l'inverse, les avis négatifs sont souvent considérés comme davantage fiables. Enfin, la qualité des avis, évaluée à travers les votes d'utilité, facilite la prise de décision et a un effet positif sur les ventes (Chen & Lurie, 2013). Le fait de permettre un accès plus facile à des avis utiles peut donc créer une source de différenciation. Ces approches s'alignent avec le concept de diagnosticité de l'information, qui est largement discuté dans la littérature spécialisée (Lynch *et al.*, 1988). La diagnosticité de l'information fait référence à la mesure dans laquelle une information spécifique aide les consommateurs à mieux discriminer les différentes options disponibles leur permettant de faire des choix plus éclairés et confiants (Payne *et al.*, 1992).

Les avis clients : clés de la tangibilité dans les services immobiliers

Les avis sont particulièrement précieux dans le secteur des services où l'intangibilité est prononcée. La littérature en marketing des services définit cette intangibilité comme un élément inaccessible aux sens, compliquant pour les consommateurs la conceptualisation des services tant sur le plan physique que mental. Cette intangibilité rend difficile l'appréhension des bénéfices d'un service et la formation des attentes (Berry, 1980), augmentant ainsi le risque perçu. Éclairons ce point à travers la lentille immobilière.

D'un point de vue physique, contrairement à un produit, il n'est pas possible de « tester » un service immobilier de la même manière qu'on essaierait une voiture avant de l'acheter. Cette caractéristique entraîne une incertitude inhérente quant à la qualité des services offerts. Les services immobiliers, qu'ils s'agissent de conseils, d'administration de propriété ou d'évaluation immobilière sont impalpables physiquement. L'efficacité et la qualité des services immobiliers dépendent essentiellement des compétences, de l'expérience et de l'intégrité du prestataire de services. Ils ne peuvent donc être pleinement évalués pour leur qualité avant qu'ils ne soient effectivement rendus. Chaque agent immobilier peut offrir une expérience légèrement différente en raison de sa connaissance du marché local, de ses compétences en négociation et de son réseau professionnel, mais ceci ne pourra être observé qu'après la consommation du service.

D'un point de vue mental, les services immobiliers ajoutent de la valeur de manière complexe, telle que la sécurisation d'une transaction sans conflits, l'obtention du meilleur prix possible, l'orientation à travers les complexités juridiques. Les clients peuvent trouver difficile de se former une image mentale claire de ce que le service va impliquer ou des bénéfices qu'ils pourront en tirer avant leur prestation. En l'absence de points de comparaison tangibles, les clients peuvent se reposer sur des attentes subjectives, influencées par leurs expériences passées, les recommandations ou la réputation perçue du prestataire. Ceci peut conduire à des attentes irréalistes ou mal alignées avec ce que le service peut réellement offrir. L'intangibilité mentale joue un rôle important dans l'augmentation du risque perçu associé à l'achat de services (Berry, 1980 ; Rushton & Carson, 1989). Les consommateurs peuvent se sentir incertains quant aux résultats d'un service, ce qui peut les rendre hésitants à s'engager sans garanties concrètes. Dans le secteur immobilier, où les enjeux financiers et personnels sont élevés, cette perception du risque est particulièrement prononcée.

La préférence des clients pour des situations prévisibles dans lesquelles ils peuvent anticiper les résultats et bénéfices de leurs décisions, les incite à rechercher activement des informations qui clarifient ce qu'ils peuvent attendre. Cette recherche d'information est d'autant plus marquée que l'engagement du client, qu'il soit émotionnel ou financier, est important. Selon Zeithaml *et al.* (1993), l'aversion à l'incertitude incite les consommateurs à choisir des produits ou services qui présentent des garanties ou des signaux positifs afin d'atténuer leur perception du risque. Les indicateurs de confiance tels que la réputation de la marque, les certifications professionnelles, les témoignages et les avis en ligne contribuent à « tangibiliser » le service en fournissant des preuves de la fiabilité et de la compétence du prestataire. Les avis, notamment, jouent un rôle crucial en offrant des expériences vécues et des évaluations de la qualité du service, influençant significativement la perception et les attentes des futurs clients.

Transformer les avis négatifs en opportunités de réputation

Il n'est pas surprenant que le bouche-à-oreille électronique négatif reçoive une attention particulière dans les recherches académiques, étant donné son impact significativement défavorable sur les entreprises. Cet impact est notamment dû au fait que les consommateurs tendent à accorder plus d'attention aux critiques ou avis négatifs qu'aux avis positifs (Lee *et al.*, 2011). Dans cette section, nous nous intéresserons à la gestion des avis négatifs, une pratique qui comprend non seulement la réponse appropriée à ces avis, mais aussi l'approche à adopter face aux échecs de service qui les engendrent.

L'origine de l'avis négatif : l'échec de service

De manière systématique, les industries de service ont des scores de satisfaction inférieurs à celui des biens matériels[1]. La raison en est simple : on ne peut assurer l'absence de défaillance comme dans le cas d'un produit. Le service immobilier est complexe. Une transaction immobilière typique nécessite de gérer non seulement des aspects juridiques (l'immobilier est soumis à de nombreuses réglementations qu'il faut respecter), des aspects émotionnels (la transaction immobilière est très anxiogène), mais également organisationnels. De nombreux partenaires sont en jeu et son bon déroulement dépend notamment du respect par chacun des délais pour fournir les documents nécessaires à la réalisation du service. De nombreux aléas sont possibles. La complexité des services immobiliers les expose donc à des risques d'échecs occasionnels.

Défini comme une situation où le service fourni ne parvient pas à atteindre ou à dépasser le niveau attendu par le client, l'échec de service dans l'industrie immobilière entraîne ainsi une déception et potentiellement une perte de confiance durable de la part du client. (Sun & Liu, 2005). Les services immobiliers impliquant des interactions directes et en temps réel avec les clients, peuvent échouer de diverses manières, notamment par des retards, une qualité de service inférieure aux attentes ou des malentendus lors de la communication. En outre, l'hétérogénéité des clients et de leurs attentes, combinée à une perception subjective de la qualité et à la complexité intrinsèque des services, sont des facteurs clés expliquant pourquoi il est rare que les services immobiliers atteignent un succès total. En effet, si le client perçoit que le service reçu est inférieur à ses attentes, il considérera cela comme un échec, indépendamment de la qualité objective du service fourni. Cette subjectivité met en évidence l'importance cruciale de la gestion des attentes et de la communication claire et transparente dans le secteur immobilier pour minimiser la perception d'échec.

1 Baromètre de la symétrie des attentions de l'académie des services.

Lorsque les consommateurs sont insatisfaits de leur expérience de service, ils réagissent généralement de l'une des manières suivantes (Hirschman, 1970) : (1) ils cessent d'utiliser les produits/services d'une organisation et se tournent vers un concurrent, (2) ils déposent une plainte auprès de l'organisation responsable de l'expérience de consommation insatisfaisante, ou (3) ils parlent de leur mauvaise expérience de consommation à d'autres consommateurs (bouche-à-oreille négatif). Dans le secteur des services, où l'expérience est le produit, un seul avis négatif peut projeter une ombre sur la promesse de marque et éroder la confiance, fondement de la relation client-service. Ce type d'effet négatif étant beaucoup plus fort que l'effet positif des bons avis postés par des consommateurs satisfaits (Chevalier & Mayzlin, 2006 ; Schuckert *et al.*, 2015), il est essentiel que les gestionnaires soient conscients des plaintes des consommateurs et envisagent d'appliquer des stratégies de récupération de service en temps opportun (Ye *et al.*, 2009).

Traditionnellement, se plaindre fait référence à une communication dyadique impliquant uniquement le plaignant et l'organisation. Maintenant que les consommateurs partagent leurs plaintes avec d'autres consommateurs et parties prenantes sur les plateformes de médias sociaux, la plainte s'est transformée en une communication triadique, impliquant non seulement le plaignant et l'organisation, mais aussi d'autres groupes de parties prenantes observant le comportement vocal du plaignant envers l'organisation et qui peuvent réagir aux interactions. Cette visibilité accrue des plaintes amplifie les risques pour l'organisation, affectant potentiellement sa réputation ainsi que la satisfaction et l'image perçues par les clients. Et ce d'autant plus que les opinions en ligne sont persistantes et visibles, conservées dans les archives des plateformes numériques. Cette caractéristique les rend disponibles à la demande pour tous les consommateurs recherchant des informations. Ainsi dans un environnement en ligne, le recouvrement de service commence par une réponse publique aux commentaires des clients. Adopter cette approche de rétroaction transparente est reconnu comme une méthode alternative et efficace de gestion de la réputation en ligne (Zervas *et al.*, 2015).

Répondre aux avis négatifs : une approche stratégique

Une expérience de service défavorable peut créer des « terroristes », c'est-à-dire des clients tellement insatisfaits qu'ils cherchent activement et systématiquement des occasions de critiquer ou de nuire à l'entreprise ou à sa réputation (Heskett *et al.*, 1994). Ces individus, profondément insatisfaits, ne se contentent pas de délaisser l'entreprise, ils prennent une posture activement hostile, cherchant systématiquement des occasions de critiquer ou de nuire à la réputation de l'entreprise. Cette dynamique souligne l'importance cruciale de la gestion des échecs de service non seulement pour rectifier une situation donnée, mais aussi pour prévenir l'émergence de tels comportements destructeurs. La réponse des entreprises à ces situations doit être à la fois appropriée et différenciée, ce qui implique une compréhension profonde des motivations sous-jacentes et du contexte spécifique des consommateurs insatisfaits.

■ Comprendre les motivations et le type de plaignants pour mieux gérer les avis clients

Les motivations sous-jacentes à la participation des consommateurs au bouche-à-oreille sont variées et complexes, englobant des objectifs personnels, des bénéfices sociaux et économiques, ainsi qu'un besoin psychologique de partager et d'équilibrer leurs émotions.

La littérature académique a identifié différents facteurs à l'origine d'un bouche-à-oreille négatif (Sundaram *et al.*, 1998) :

- *L'altruisme* : les clients peuvent partager leurs expériences négatives pour protéger de futurs acheteurs ou vendeurs des pratiques peu scrupuleuses d'une agence immobilière spécifique. Par exemple, ils pourraient avertir les autres de frais cachés, de manque de transparence dans les transactions, ou de la mauvaise gestion des négociations.

- *La réduction de l'anxiété* liée à des expériences de consommation décevantes. Les transactions immobilières peuvent être stressantes et complexes. Les clients peuvent utiliser le bouche-à-oreille pour exprimer leur frustration et chercher du réconfort auprès d'autres consommateurs qui ont vécu des situations similaires. Le partage de leur mécontentement peut également aider à diminuer leur propre stress lié à une expérience insatisfaisante.
- *Le désir de revanche* contre une injustice perçue. Face à des injustices perçues, comme un manque de réactivité, des promesses non tenues par l'agent immobilier ou des évaluations biaisées des propriétés, les clients peuvent recourir au bouche-à-oreille pour exprimer ouvertement leur mécontentement et potentiellement nuire à la réputation de l'agence.
- *Le besoin de conseils* pour mieux gérer ou comprendre la situation. Les clients peuvent demander des conseils sur la manière de gérer des litiges avec des agents immobiliers ou sur les étapes à suivre après une mauvaise expérience, comme les options légales disponibles ou les démarches pour sécuriser leur investissement.

Ces motivations qui sont transposables dans le contexte du bouche-à-oreille en ligne (Hennig-Thurau, 2004), peuvent refléter des intentions variées, allant de l'intention malveillante comme la vengeance, à l'intention neutre axée sur la résolution du problème, jusqu'à l'intention positive visant la réconciliation. Ainsi certains clients peuvent être motivés par le désir de nuire à la réputation de l'agence en raison d'une expérience particulièrement négative. D'autres peuvent simplement vouloir résoudre le problème en cours, en cherchant une intervention directe de l'agence pour rectifier une situation. Certains clients peuvent encore espérer un dénouement positif et souhaiter maintenir une relation cordiale avec l'agence, cherchant une conclusion qui bénéficie à toutes les parties impliquées. Dans chaque cas, il est crucial pour les agences immobilières de comprendre ces motivations pour répondre de manière appropriée et efficace. Une réponse bien adaptée, non seulement apaise le client concerné, mais sert également à préserver la réputation de l'agence et à renforcer la confiance des clients potentiels.

Les recherches plus récentes, notamment celles de Grégoire *et al.* (2018), identifient deux profils principaux de plaignants en ligne : les justiciers (*vigilant complainers*) et les conciliateurs (*reparation complainers*). Ces profils reflètent différentes approches et motivations qui sous-tendent les réclamations en ligne. Les justiciers voient leur réclamation comme une mission pour défendre non seulement leurs droits mais aussi ceux des autres consommateurs. Ils sont motivés par un désir de justice punitive et de vengeance, mais aussi par une volonté de protéger la communauté. Outre le désir de vengeance, les justiciers ont un fort sens moral et se considèrent comme des défenseurs d'une justice déontique, où ils agissent sur la base d'un sens du devoir et d'obligation morale (Grégoire *et al.*, 2018). Ils sont susceptibles de recourir à des actions publiques pour exprimer leur indignation et cherchent à obtenir une forme de réparation qui inclut souvent des excuses ou un dédommagement.

Les conciliateurs, contrairement aux justiciers, abordent la défaillance de service comme un problème à résoudre plutôt que comme une offense personnelle. Ils préfèrent des interactions constructives et cherchent à rétablir leur propre situation ainsi que celle d'autres potentiellement affectés. Leur principal objectif est la réparation, ce qui peut inclure des excuses ou un dédommagement de la part de l'entreprise. Leur démarche est socialement acceptée et perçue comme moralement justifiée. Ils s'engagent dans un dialogue avec l'entreprise pour trouver une solution satisfaisante, préférant une approche moins conflictuelle.

Le tableau 2.1 résume les approches de Grégoire *et al.* (2018) et celles de deux types de plaignants, les justiciers et les conciliateurs, en fonction des différentes utilités identifiées par Hennig-Thurau *et al.* (2004) qu'ils cherchent à satisfaire par le biais de leurs réclamations en ligne. Hennig-Thurau *et al.* (2004) ont identifié cinq catégories d'utilité définissant les motivations des utilisateurs à participer au bouche-à-oreille en ligne (cf. tableau 1.1).

Tableau 1.1 – Comparaison des plaignants selon les types d'utilité recherchés.

	Justiciers	Conciliateurs
Objectifs de la réclamation	– Justice punitive et vengeance – Protection des autres consommateurs – Expression de l'indignation morale – Obtention d'excuses et de dédommagement	– Réparation de la situation – Dialogue constructif – Recherche d'une solution satisfaisante – Obtention d'excuses et de dédommagement
Utilité liée à l'atteinte d'objectifs	– Souci d'aider les autres consommateurs – Exercice d'un pouvoir comme instrument de pression	– Recherche de solutions pour résoudre le problème – Orientation vers la réparation plutôt que la confrontation
Utilité de consommation	– Partage d'informations pour influencer les décisions d'autres consommateurs	– Partage d'expériences pour obtenir ou offrir des conseils pratiques
Utilité d'approbation	– Reconnaissance de leur rôle de défenseur de la justice	– Approbation pour leur approche équilibrée et orientée vers la résolution
Utilité liée au modérateur	– Utilisation de plateformes pour mobiliser le soutien des autres et faire pression sur l'entreprise	– Utilisation de plateformes comme intermédiaires pour faciliter la communication et la résolution des problèmes
Utilité d'homéostase	– Catharsis par l'expression publique d'émotions négatives et l'indignation	– Rétablissement de l'équilibre émotionnel par la recherche d'une résolution constructive

En distinguant les « justiciers » des « conciliateurs », ce tableau met en lumière les différentes approches et attentes vis-à-vis de la résolution des conflits, ce qui est crucial pour les professionnels de l'immobilier afin de développer des stratégies de communication et de gestion des conflits adaptées. Comprendre ces dynamiques permet aux agents et aux entreprises immobilières d'adapter leur approche pour mieux répondre aux besoins spécifiques de chaque client, améliorant ainsi la satisfaction client et minimisant les litiges, tout en contribuant à une image de marque plus positive et à une relation client durable.

■ L'art de répondre aux avis négatifs

Alors que nombre d'entreprises se positionnent aujourd'hui dans la recherche d'excellence, rares sont celles qui mettent en place un système de gestion de tous les avis clients.

Lorsque les organisations écoutent ce que les gens disent et écrivent sur les plateformes, elles sont en mesure de prendre des actions stratégiques. La première décision importante qu'une organisation doit prendre est de déterminer si elle doit répondre ou non aux avis, opinions ou commentaires négatifs que les individus publient sur les réseaux sociaux. De nombreuses organisations se retrouvent confrontées à un dilemme quant à la manière de gérer les réclamations, car choisir de répondre ou ne pas répondre peut avoir des répercussions négatives. Si la réponse donnée n'est pas bien accueillie par le plaignant et/ou par l'audience, elle pourrait nuire davantage à l'image de marque et à la réputation de l'organisation que ne pas répondre du tout (Chevalier & Mayzlin, 2006 ; Schuckert *et al.*, 2015). Cette crainte d'une réaction négative dissuade souvent les organisations d'intervenir. Cependant, ne pas répondre peut également être risqué, car cela pourrait donner l'impression au plaignant et aux observateurs que l'organisation n'attache pas d'importance aux opinions de ses clients, ce qui pourrait aggraver les dommages pour l'organisation. Comme le souligne Cardon (2015), même un seul avis négatif non géré peut dissuader de nombreux clients potentiels, affectant directement la réputation de l'entreprise. Malgré cette réalité, les données du secteur immobilier montrent que des critiques très négatives reçoivent rarement une réponse de la part des professionnels et lorsque c'est le cas, cette réponse est le plus souvent impersonnelle.

Cette situation illustre un manque d'attention qui pourrait être préjudiciable, si l'on considère qu'un avis même négatif est une forme d'attachement qui laisse une chance à l'entreprise de réparer le service. Il exprime une attente non satisfaite, une déception. Le client espère réparation et est prêt à donner une seconde chance. Répondre aux avis négatifs montre que l'agence a à cœur l'expérience de ses clients, qu'elle leur témoigne de l'attention, de l'écoute, une prise en compte de leurs besoins.

Pour contrer ces effets potentiellement dévastateurs, nombreuses sont les entreprises qui ont adopté des stratégies de *webcare*. Ce terme, défini par Van Noort & Willemsen (2012) comme l'engagement actif des organisations dans les interactions en ligne, englobe la surveillance et la réponse aux divers retours des consommateurs, qu'il s'agisse de questions, de préoccupations ou de plaintes. L'utilité du *webcare* réside non seulement dans la prise au sérieux des préoccupations des clients, mais également dans sa capacité à prévenir la transformation des commentaires en ligne en crises potentielles. Sous cet angle, le *webcare* se présente comme un outil stratégique pour la gestion de la réputation et des relations clients. Avant que les commentaires négatifs ne dégénèrent, les entreprises peuvent exploiter les réseaux sociaux pour surveiller et adresser les problèmes significatifs affectant leur environnement organisationnel, permettant ainsi de gérer et de restaurer la réputation ainsi que les relations avec les parties prenantes, comme le souligne Coombs (2002).

Répondre de façon adéquate à un avis négatif représente une opportunité significative, à condition de maîtriser l'art et la manière de cette démarche. La réponse sera lue par un public élargi, qui évaluera la qualité de l'interaction. La manière dont une entreprise répond peut donc influencer non seulement la perception du client directement concerné, mais également celle de son réseau social élargi, soulignant l'impact potentiel sur la réputation en ligne de l'entreprise, comme le montrent les études de Varnali (2022) et de Kumar *et al.* (2018). Toutefois la satisfaction du client et sa fidélité dépendront de la façon dont elle est capable de renverser la situation avec succès après un échec de service (Bolton, 2016).

Récupération de service dans l'immobilier : rétablir la confiance après un échec

Les clients n'attendent pas que vous soyez parfait.
Ils attendent que vous répariez les choses quand ça ne va pas.

Donald Porter

Les études révèlent que tous les clients ne sont pas impatients et agressifs et la plupart des clients sont prêts à donner aux entreprises une seconde chance de redressement (Cheng *et al.*, 2006). Si l'expérience ne peut pas être parfaite, elle doit être au moins satisfaisante et viser l'excellence. Cette ambition passe tout d'abord par la prise de conscience que l'on ne peut pas tout prévoir, mais qu'il est possible de tout rattraper. Les activités de récupération ne font pas partie de l'exception mais du quotidien de la gestion du service immobilier. Il convient donc de mettre en place un management du *care*, de la « réparation », car c'est sur cela que va se jouer l'expérience. Le *care* signifie prendre soin de ses clients, c'est faire en sorte de résoudre ses problèmes. Adaptation, agilité, souplesse, considération, résolution, deviennent les maîtres mots de l'expérience. Il est également important de souligner que l'attention portée aux clients déçus est d'importance, certes pour améliorer et comprendre l'expérience vécue, mais également pour influencer, fidéliser. En effet, un client mécontent qui se sent écouté peut devenir un promoteur de la marque.

Le véritable problème n'est pas tant l'échec en lui-même, qu'il soit réel ou perçu subjectivement, mais plutôt le manque de récupération de service. Un échec peut engendrer une déception chez le client et, dans les cas les plus graves, une perte durable de confiance qui rend difficile pour une entreprise de rétablir une relation positive. Un client insatisfait est en effet susceptible de partager son expérience négative sous forme d'avis ou de commentaires publics. Les travaux de Bitner en 1990 révèlent l'importance des réactions émotionnelles des clients face aux défaillances de service. Toutefois la réactivité de l'entreprise à ces échecs peut transformer une expérience négative en une perception positive de son engagement envers la clientèle.

Le terme « récupération du service » fait référence aux actions conçues et appliquées par les entreprises pour résoudre les défaillances du service, apaiser les émotions négatives des consommateurs mécontents et tenter de conserver les clients (Lewis & McCann, 2004). Elles comprennent toutes les actions entreprises par une organisation pour corriger un échec de service après qu'un client a exprimé son mécontentement. Les récupérations psychologiques, les efforts tangibles ou une combinaison des deux sont les principaux types de stratégies de récupération de service appliquées par les entreprises traditionnelles. Ces stratégies de récupération peuvent inclure l'empathie, des excuses, suivies d'une correction, par le biais d'une compensation, impliquant une intervention de la direction, et plus tard un suivi, une reconnaissance et une explication (Lewis & McCann, 2004). Ces activités sont cruciales, car elles permettent non seulement de résoudre les problèmes spécifiques rencontrés par les clients, mais aussi de restaurer la confiance des clients dans la marque (Spreng *et al.*, 1995). Bolton (2016) décrit une série d'actions clés qui doivent être mises en œuvre avec discernement et ajustées selon la situation. Ces mesures comprennent l'expression de regrets sincères, une réaction prompte, l'offre d'un dédommagement approprié aux circonstances et la résolution efficace de la cause première de la défaillance du service. Dans le contexte immobilier, Sun et Liu (2005) soulignent l'importance de prendre des mesures immédiates et efficaces après un échec de service, ce qui est une réponse proactive aux avis négatifs potentiels. Les actions à la fois psychologiques (comme l'empathie et les excuses) et matérielles (comme les compensations ou les remboursements), permettent de restaurer la satisfaction et la confiance du client. Toutefois leur efficacité sera fonction de la justice perçue.

■ L'importance de la justice perçue dans la récupération de service immobilier

Différents travaux (Choi & Choi, 2014) mettent en évidence l'importance de la justice perçue dans les interactions entre les entreprises et les clients, dans le contexte de gestion des plaintes. La perception de la justice agit comme un médiateur entre les réponses organisationnelles aux plaintes des clients et la satisfaction des clients après la plainte. Les perceptions de justice peuvent modérer les réponses émotionnelles négatives causées par un échec de service, telles que la frustration ou la colère. Une réponse perçue comme juste peut atténuer ces émotions négatives, contribuant à une expérience globale plus positive, même après un incident initial négatif.

Les clients évaluent la justice de ces réponses à travers trois dimensions principales (Sabadie *et al.*, 2006) :

- *La justice distributive* se rapporte à l'équité des résultats obtenus par le client. Par exemple, si un client reçoit une compensation jugée adéquate après avoir soumis une plainte, la perception de justice distributive est élevée. Les clients considèrent une récupération comme juste si les compensations ou les corrections correspondent à leur niveau de préjudice perçu. Cela inclut les actions matérielles mentionnées par Sun & Liu (2005), comme les remboursements et les compensations.
- *La justice procédurale* se rapporte par la manière dont la plainte est traitée. Cela inclut la rapidité, la transparence des processus et la facilité de déposer des plaintes. Elle se rapporte à l'équité des processus utilisés pour parvenir à ces résultats. Une procédure transparente, rapide et simple est perçue comme plus juste. Cela inclut non seulement la rapidité et l'efficacité de la réponse, mais aussi la transparence des processus impliqués.
- *La justice interactionnelle* se réfère à la qualité du traitement interpersonnel et à la communication durant le processus de plainte. Elle est évaluée favorablement si les clients se sentent traités avec respect. Elle concerne le traitement équitable et respectueux des

clients pendant le processus de récupération. L'empathie et la courtoisie en sont des aspects fondamentaux. Lorsque les clients se sentent écoutés, compris et respectés, cela améliore leur perception de la justice et de l'équité dans leurs interactions avec l'entreprise.

Ces trois formes de justice influencent significativement la manière selon laquelle les clients perçoivent les réponses de l'entreprise à leurs plaintes. Si les clients jugent que l'entreprise a agi justement sur ces trois dimensions, ils sont plus susceptibles d'être satisfaits après la résolution de la plainte. En d'autres termes, la satisfaction post-plainte n'est pas seulement déterminée par l'issue matérielle de la plainte (par exemple, le remboursement), mais aussi par la manière dont les clients se sentent traités durant tout le processus.

La manière dont la récupération est perçue en termes de justice peut transformer une expérience client négative en une expérience positive. En effet, cette perception influencera la fréquence et la gravité des expériences négatives, qui sont souvent à l'origine d'avis défavorables. En conséquence, une perception favorable de la récupération, illustrant le paradoxe de la récupération, accroît la probabilité d'obtenir un avis positif de la part du client.

■ Effet transformateur des mesures de récupération

Le paradoxe du recouvrement dans la gestion des services décrit un phénomène intéressant selon lequel une intervention réussie après un dysfonctionnement de service peut non seulement compenser les préjudices subis par le client mais également améliorer la satisfaction de ce dernier au-delà de ce qu'elle aurait été si l'échec n'avait jamais eu lieu (Tax *et al.*, 1998). Cela met en lumière l'impact positif d'une gestion adéquate des échecs de service. Les efforts de récupération de service ont ainsi un impact plus marqué que le service initial en raison de l'effet de récence. La dernière interaction d'un client avec une entreprise peut laisser une impression durable, influençant fortement ses décisions futures concernant cette entreprise.

Dans le secteur immobilier, l'étude de Sun & Liu (2005) montre que lorsque les entreprises répondent rapidement et efficacement aux erreurs de service, les clients sont souvent surpris de manière positive. Une récupération de service réussie permet, non seulement d'atténuer les effets d'un avis négatif, mais également de convertir un client mécontent en un promoteur de l'entreprise, grâce à une expérience de service améliorée. Les auteurs insistent sur l'importance d'aligner les mesures de récupération avec les attentes spécifiques des clients pour maximiser l'efficacité de ces efforts.

Le principe du recouvrement paradoxal repose sur le fait que les clients sont souvent plus impressionnés par une entreprise qui corrige ses erreurs de manière exceptionnelle que par une entreprise qui ne fait pas d'erreurs du tout. Ce phénomène peut sembler contre-intuitif, mais il s'explique par plusieurs facteurs clés :

- *Effort perçu* : quand une entreprise fournit un effort significatif pour rectifier une erreur, cela peut être perçu comme un signe de dévouement envers le client. Cela montre que l'entreprise est prête à aller au-delà pour s'assurer de la satisfaction du client, renforçant ainsi la confiance et la loyauté du client. Les efforts de récupération de service réussis tendent à augmenter les intentions de réachat des clients. Cela est dû à la perception accrue de la fiabilité et de l'engagement de l'entreprise envers le client. Les clients qui se sentent valorisés et bien traités, même en situation de service défaillant, sont plus enclins à continuer à faire affaire avec l'entreprise.
- *Amélioration de la relation* : la gestion efficace d'une erreur offre l'opportunité de démontrer l'engagement de l'entreprise envers ses valeurs de service et d'éthique. Cela peut renforcer la relation entre le client et l'entreprise, le client se sentant valorisé et respecté.
- *Contraste émotionnel* : l'expérience initialement négative, suivie par une résolution positive et satisfaisante, crée un contraste émotionnel marqué. Ce contraste peut rendre la résolution plus

mémorable et plus appréciée par le client, encore davantage que si le service avait été simplement adéquat dès le début.

Plusieurs études ont souligné l'importance de la réaction du personnel de service face aux incidents d'échec, mettant en lumière la manière dont une interaction positive peut renforcer la fidélité des clients (Spreng *et al.*, 1995). Des facteurs tels que la courtoisie du personnel, la rapidité de la réponse et la qualité de la solution apportée, sont essentiels pour favoriser les communications positives de bouche-à-oreille. Ces éléments jouent également un rôle déterminant dans le renforcement de la confiance des clients.

■ Avis clients : mesure de l'expérience et levier d'amélioration des process

Les entreprises les plus proactives ont pris conscience que les retours clients doivent être exploités au-delà des démarches traditionnelles de recueil d'informations et de traitement des réclamations. Les retours des clients offrent un moyen précis d'évaluer l'expérience vécue à travers divers aspects, allant de la qualité de l'accueil jusqu'au service proposé en agence, mais permettent également d'identifier finement ce qui génère le plaisir ou le mécontentement des clients. En éclairant les attentes réelles des clients, les feedbacks deviennent un puissant levier pour stimuler l'innovation et améliorer les process. Ils ont le potentiel d'inspirer de nouveaux services que la marque n'avait pas initialement anticipés, révélant ainsi des besoins insoupçonnés. Partager ces retours clients en interne est également bénéfique, car cela permet d'infuser une culture de service client à tous les niveaux de l'organisation, favorisant une approche cohérente et centrée sur le client dans toutes les opérations.

Étude de cas des avis clients dans le secteur immobilier

Nos objectifs à travers une analyse quantitative et qualitative, utilisant des méthodologies telles que l'analyse factorielle, sont les suivants : nous visons à déterminer comment la pertinence et l'influence des avis en ligne varient entre différents types de clients. Nous cherchons également à mesurer l'efficacité des avis en ligne dans le processus de prise de décision des clients immobiliers, en examinant la fréquence à laquelle les avis sont consultés et leur utilité perçue pour aider les clients à faire des choix éclairés concernant les agents immobiliers et les propriétés. Enfin, nous proposerons des recommandations fondées sur l'analyse des données et les études de cas pour aider les agences immobilières à optimiser leur gestion des avis afin d'accroître l'impact positif des avis sur la réputation en ligne des agences.

Côté client : défis de l'utilité et de la fiabilité des avis en immobilier

Dans le domaine de l'immobilier, la pertinence et la fiabilité des avis en ligne constituent des enjeux majeurs pour les clients. La nature de ces avis peut grandement influencer les décisions importantes concernant les transactions immobilières. Toutefois, l'importance des avis en ligne dans le domaine de l'immobilier dépend largement du type de client, qu'il s'agisse d'acheteurs, de vendeurs ou de locataires.

■ *Pertinence des avis selon le profil des clients*

Nous avons eu l'opportunité d'exploiter les données fournies par Opinion System, couvrant un échantillon représentatif de 1 400 personnes. Ces données ont été collectées *via* un questionnaire détaillé portant sur l'utilisation des avis clients dans le secteur immobilier. Pour traiter et simplifier les informations recueillies, nous avons réalisé une analyse factorielle des composantes principales (ACP). Cette méthode statistique nous a permis d'identifier cinq dimensions clés relatives à l'utilisation des avis clients par les consommateurs.

- *Consultation des avis clients* : fréquence à laquelle les avis sont consultés, indiquant l'importance accordée aux retours d'autres clients.
- *Utilité des avis clients* : dans quelle mesure les avis sont perçus comme aidant dans le processus de prise de décision, évaluant leur impact direct sur les choix des clients.
- *Méfiance vis-à-vis des avis clients non contrôlés* : degré de scepticisme envers les avis qui ne sont pas vérifiés ou modérés, ce qui peut affecter la confiance dans l'authenticité des informations.
- *Nombre d'avis :* importance accordée au volume total des avis, reflétant la crédibilité perçue de l'agence ou du bien en fonction de la quantité de feedback.
- *Réponse aux avis* : propension des agences immobilières à répondre aux avis, qu'ils soient positifs ou négatifs, utilisée comme mesure de leur engagement envers la satisfaction client.

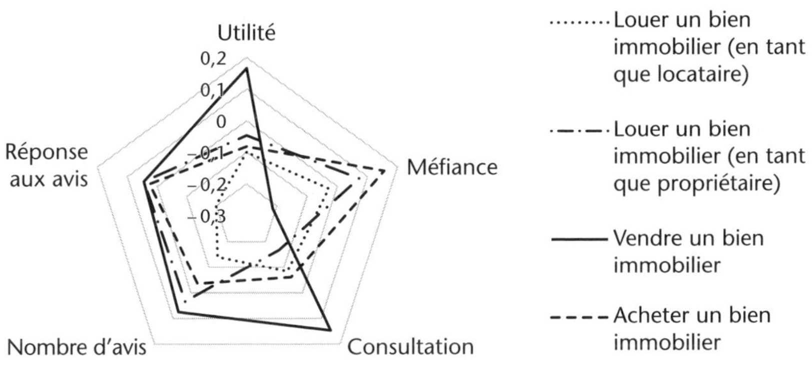

Figure 1.1 – Analyse de variance des comportements clients selon les différents profils.

Pour évaluer si les comportements et les préférences relatives à l'utilisation des avis diffèrent significativement selon le profil du client, nous avons utilisé une analyse de variance (ANOVA). Cette méthode nous a permis de comparer les moyennes des réponses pour chaque dimension à travers les quatre profils. La figure 1.1 permet une visualisation immédiate et claire de la position de chaque groupe de clients par rapport à la moyenne générale, dans les cinq dimensions identifiées. Chaque axe du radar représente une dimension différente de l'utilisation des avis clients. L'échelle sur chaque axe est normalisée, avec le point central (0) représentant la moyenne de l'échantillon. Une valeur au-dessus de 0 indique donc un positionnement au-dessus de la moyenne et inversement pour une valeur inférieure à 0.

L'analyse de la figure 1.1 révèle des dynamiques intéressantes dans la manière dont les différents types de profils de clients interagissent avec les avis clients.

- *Vendeurs* : les vendeurs accordent une grande importance aux avis clients, qu'ils consultent fréquemment et jugent utiles pour leurs décisions. Leur confiance dans ces évaluations est élevée, qu'elles soient certifiées ou non. Ils sont également attentifs au volume d'avis et à la réactivité des agents immobiliers aux commentaires, des facteurs qu'ils considèrent essentiels pour évaluer la crédibilité des avis et l'engagement des agents envers leur clientèle.
- *Propriétaires bailleurs* : les propriétaires bailleurs consultent les avis clients moins fréquemment que les autres groupes, ce qui peut indiquer qu'ils les trouvent moins utiles. Cette attitude pourrait être due à une méfiance plus marquée envers les avis non vérifiés. Les propriétaires bailleurs s'engagent souvent dans des relations à long terme avec leurs agents immobiliers. Ces relations comportent des responsabilités importantes, telles que la sélection des locataires et la gestion des propriétés, où une mauvaise gestion peut avoir des conséquences graves.

En conséquence, ils nécessitent une analyse plus rigoureuse des avis pour s'assurer de la crédibilité et de la compétence de l'agent.

- *Acheteurs* : les acheteurs sont le groupe qui porte une méfiance envers les avis non vérifiés la plus élevée. Ils consultent peu les avis clients et trouvent que ceux-ci sont peu utiles. En effet, l'acheteur choisi un bien immobilier et a rarement le choix du prestataire, surtout si le bien est à mandat exclusif.
- *Locataires* : les locataires semblent être le groupe le moins engagé avec les avis en ligne, ce qui peut être expliqué par leur investissement limité dans la propriété et l'absence de conséquences à long terme pour eux. En effet, l'engagement dans le processus de consultation des avis est généralement proportionnel à l'implication dans l'achat d'un bien ou service, qui est habituellement faible pour les locataires comparativement aux propriétaires bailleurs et aux vendeurs.

Si la perception et l'engagement avec les avis en ligne varient considérablement selon le type de clients immobiliers, on notera qu'en dehors des locataires l'ensemble des clients accordent de l'importance au nombre d'avis et aux réponses à ceux-ci. Le volume d'avis sert d'heuristique pour juger de la fiabilité de la notation. Les réponses représentent un indicateur d'engagement envers les agences immobilières. Ce dernier point reflète un besoin d'assurance quant au professionnalisme des agences immobilières. Ces observations soulignent l'importance pour les agences immobilières de développer une stratégie proactive de gestion des avis. Il est essentiel de promouvoir l'authenticité et la vérifiabilité des avis afin de renforcer la confiance des clients. En répondant de manière attentive et professionnelle aux avis, les agences peuvent non seulement améliorer leur réputation, mais aussi construire une relation de confiance durable avec tous les segments de clients, y compris les locataires, en démontrant leur engagement et leur réactivité.

Pour approfondir l'analyse, nous avons choisi de faire une typologie des répondants via un classement hiérarchique en employant la méthode de Ward (figure 1.2). Cette approche statistique vise à regrouper les individus en familles (clusters) de manière à minimiser la variance *intra-cluster*. Cela signifie que les individus au sein d'un même cluster sont aussi similaires que possible, tandis que les différences entre les clusters sont maximisées. La méthode de Ward évalue spécifiquement la perte d'inertie *intra-cluster* qui résulte de la fusion de deux clusters, ce qui en fait une méthode fréquemment utilisée pour identifier des segments ou des groupes naturels dans des données. Cette classification a abouti à la définition de quatre familles distinctes :

- *Famille 1 – Les méfiants sceptiques (38,6 %)* : ces individus affichent les scores les plus bas en termes d'utilité perçue des avis et manifestent un haut niveau de méfiance, comme le montrent les axes de notre graphique (figure 2.2). Ils sont particulièrement sceptiques quant à la crédibilité des avis et ne les utilisent probablement pas comme source d'information pour prendre des décisions.
- *Famille 2 – Les dubitatifs (30 %)* : moins méfiants ou sceptiques que la première famille, les membres de ce groupe restent néanmoins réservés quant à l'utilité et la fiabilité des avis. Leurs scores, se situant probablement autour de zéro, suggèrent une attitude neutre ou incertaine envers les avis.
- *Famille 3 – Les réfractaires (16,2 %)* : ce groupe considère probablement que les avis n'ont pas d'utilité pratique. Ils peuvent ignorer complètement les avis ou les juger non pertinents pour leurs besoins, ce qui est reflété par des scores inférieurs dans toutes les catégories, notamment en ce qui concerne l'utilité et la réponse aux avis.
- *Famille 4 – Les adeptes (15,2 %)* : en contraste avec les autres familles, les adeptes valorisent grandement les avis, comme l'indique leur score élevé sur le graphique radar. Ils trouvent les avis utiles, crédibles et sont susceptibles de les consulter fréquemment et de répondre activement.

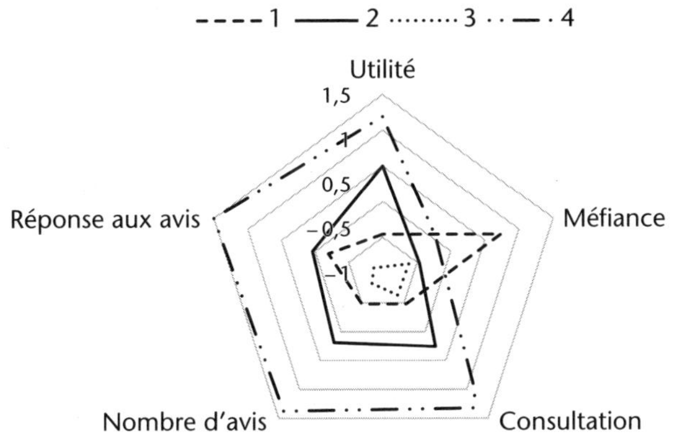

Figure 1.2 – Typologie des répondants selon leur utilisation des avis clients.

Cette classification hiérarchique a permis de mettre en évidence des attitudes distinctes envers les avis clients, allant du scepticisme à l'adoption pleine et entière. Cela pourrait aider les entreprises du secteur immobilier à comprendre comment différentes catégories de clients (locataires, propriétaires vendeurs, propriétaires bailleurs et acheteurs) perçoivent les avis et à ajuster leurs stratégies de communication et de marketing en conséquence.

Une analyse de variance en fonction du genre a révélé des différences significatives dans la perception et la valorisation des avis en ligne. Le graphique radar (figure 1.3) indique que les femmes manifestent une méfiance plus prononcée à l'égard des avis comparativement aux hommes. Cette attitude pourrait suggérer que les femmes recherchent des informations plus exhaustives et détaillées avant de se former une opinion ou de prendre une décision. Elles semblent accorder plus d'importance à la qualité et à la crédibilité des interactions, comme en témoigne leur valorisation des réponses aux avis.

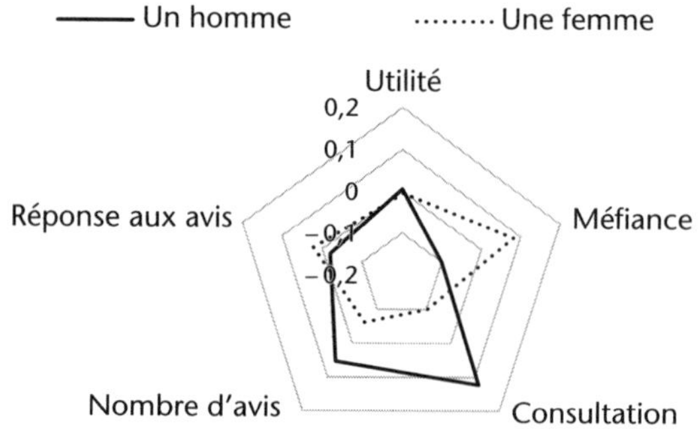

Figure 1.3 – Divergence de l'utilisation des avis clients selon le genre.

De leur côté, les hommes affichent une tendance légèrement différente, se fiant davantage à la quantité des avis. Cela peut indiquer une préférence pour l'opinion collective ou la sagesse de la foule supposant que plus le nombre d'avis est élevé, plus la perception est considérée comme fiable. Les différences observées entre les genres peuvent être analysées à travers plusieurs perspectives psychosociales et comportementales. L'étude de Meyers-Levy *et al.* (2015) met en lumière les différences fondamentales dans la manière dont les genres abordent et évaluent les informations, influençant ainsi leurs comportements en ligne. Les femmes ont tendance à traiter les informations de manière plus exhaustive et globale. Cela les rend plus aptes à détecter des informations subtiles ou moins immédiatement accessibles et à les intégrer de manière plus détaillée dans leurs évaluations. Les hommes, en revanche, adoptent une approche plus sélective. Ils privilégient des heuristiques qui demandent moins d'effort cognitif et se concentrent souvent sur des indices plus saillants ou immédiatement pertinents pour eux. Par exemple, les hommes peuvent prêter plus d'attention au nombre d'avis en ligne, voyant cela comme un indicateur de crédibilité, tandis que les femmes peuvent se concentrer plus sur le contenu détaillé des réponses aux avis. La méfiance accrue des femmes vis-à-vis des avis en ligne s'aligne avec des études antérieures indiquant que, dans des environnements numériques, les hommes ont tendance à montrer une plus grande confiance. En revanche, les femmes sont généralement plus préoccupées que les hommes par les risques de mauvaise utilisation des informations disponibles en ligne (Meyers-Levy & Loken, 2015 ; Mumu *et al.*, 2022).

■ Impact limité des avis clients : analyse de l'utilité perçue des commentaires en ligne

Il apparaît que seulement 30 % des clients perçoivent une utilité et prennent le temps de les consulter. Cette tiédeur de la consultation des avis en ligne s'explique en partie par la nature souvent brève des commentaires laissés, qui, à l'exception de certaines critiques négatives, ne parviennent pas à fournir une image complète et utile du service. Pour maximiser leur utilité, les avis devraient être détaillés. Cela est crucial dans le secteur immobilier, où les services sont intangibles. Cependant les avis clients détaillés sont peu fréquents, principalement pour trois raisons. D'abord, rédiger un commentaire exhaustif requiert un effort considérable, que beaucoup évitent à moins d'y trouver une réelle valeur (Kahneman, 2011). Ensuite, tous les utilisateurs n'ont pas les compétences nécessaires pour articuler clairement leurs pensées par écrit, ce qui peut être intimidant pour ceux qui doutent de leurs capacités rédactionnelles. Enfin, l'absence de bénéfice direct perçu de publier un avis détaillé peut dissuader les clients de consacrer du temps à écrire des commentaires informatifs. Dans le contexte de la publication d'avis, si les avantages perçus ne surpassent pas les efforts requis, beaucoup se résoudront à soumettre des avis moins détaillés et moins utiles.

Cette dynamique illustre un défi clé pour les agences : comment inciter les clients à partager des avis plus riches et plus utiles, qui peuvent considérablement améliorer la qualité de l'information disponible pour les autres consommateurs. Encourager des avis de qualité peut nécessiter des stratégies telles que des incitations tangibles, la reconnaissance des contributions des utilisateurs, ou des interfaces simplifiées qui facilitent le processus de rédaction.

La relative tiédeur des clients envers l'utilité et la consultation des avis peut également être attribuée à une méfiance vis-à-vis de ces derniers. Plusieurs études ont abordé le problème de la crédibilité des avis en ligne et de la méfiance consécutive des consommateurs (Natarajan & Periaiya, 2024 ; Ahmad & Sun, 2018). Cette suspicion est renforcée par l'observation d'un décalage entre le taux de satisfaction affiché par les professionnels sur leur site et celui issu des baromètres indépendants, comme le baromètre de la symétrie des attentions. Ce décalage peut laisser entrevoir une potentielle manipulation des avis, où des pratiques comme éviter de soumettre un questionnaire de satisfaction à un client mécontent pourraient être employées afin de maintenir artificiellement un taux élevé de satisfaction.

Pour analyser ce phénomène, la théorie de l'*auto-discrepancy* de Higgins (1997) est pertinente. Selon Higgins, les individus cherchent à minimiser l'écart entre leur « moi réel » et leur « moi idéal ». Cette aspiration peut les inciter à valoriser des retours positifs qui renforcent leur image idéalisée. Ainsi, la mise en avant d'avis positifs pourrait davantage servir à flatter l'ego des agents immobiliers qu'à fournir une information transparente et honnête sur la qualité réelle des services offerts. Les avis positifs deviennent alors des trophées symbolisant la réussite et la reconnaissance de la compétence des agents. Les travaux de Goffman (2002) sur la gestion de l'impression dans les interactions sociales appuient également cette idée. Les professionnels de l'immobilier, en mettant en avant des avis positifs, cherchent à soigner leur image professionnelle. Cette recherche de validation peut conduire à une focalisation sur les aspects positifs au détriment de l'utilité réelle des avis pour les futurs clients, négligeant ainsi une véritable réponse aux besoins des consommateurs.

Face à ces pratiques, il est crucial de rester vigilant quant à l'alignement entre ces méthodes et les intérêts réels des clients. Les professionnels sont invités à adopter une approche plus réfléchie en matière de collecte et de communication des avis, centrée sur l'utilité réelle de ces derniers pour les futurs clients, afin de renforcer l'intégrité et la crédibilité du processus d'évaluation.

■ Vers des avis plus utiles : techniques et incitations pour des avis authentiques et utiles dans le contexte de l'immobilier

La qualité d'un service repose sur la perception du résultat plutôt que sur des critères objectivement mesurables (Zeithaml, 1993). Dans le secteur immobilier, cette qualité est généralement évaluée selon des critères subjectifs tels que la satisfaction liée à l'interaction avec l'agent immobilier, le niveau de confiance ou d'empathie ressenti, ou encore l'efficacité perçue des conseils fournis. Deux problèmes majeurs émergent dès lors : d'une part, les avis ne sont souvent ni assez détaillés ni assez précis pour constituer une base solide permettant une décision éclairée. Un manque de détails sur des aspects clés du service, comme la réactivité de l'agent immobilier, la clarté des communications ou l'efficacité des négociations, peut plonger les clients potentiels dans l'incertitude. D'autre part, la diversité des attentes des clients et l'évaluation subjective du service compliquent la prise de décision. Le problème est exacerbé par la présence de faux avis et de commentaires non authentiques qui peut fausser la perception réelle de la qualité du service, semant le doute sur l'ensemble des avis, positifs ou négatifs.

Pour veiller à la crédibilité et à l'utilité des avis publiés, les agences doivent adopter des stratégies rigoureuses pour authentifier les avis et garantir qu'ils reflètent des expériences réelles et vérifiables. Il conviendra de promouvoir la transparence en encourageant les avis honnêtes et en évitant les pratiques qui pourraient sembler manipuler les avis. Inciter la publication d'avis détaillés et authentiques, répondre de manière pondérée et efficace à la fois aux commentaires positifs et négatifs, améliorer la visibilité des avis utiles, simplifier le processus de rédaction d'avis grâce à des prompts qui guident les utilisateurs à travers la rédaction de commentaires plus structurés et détaillés permettra d'augmenter le nombre d'avis en ligne et d'enrichir la qualité des informations disponibles.

La collaboration avec des tiers de confiance pour vérifier les avis et garantir que les évaluations respectent des normes transparentes et objectives et/ou l'appel à des prestataires d'étude peut être judicieuse. Ces prestataires peuvent explorer des aspects tels que l'accompagnement du client (suivi, réactivité, professionnalisme, disponibilité), la qualité relationnelle (courtoisie, bienveillance, proximité, adaptabilité, fiabilité de l'agent), ainsi que l'efficacité perçue des stratégies commerciales (promotion, négociation, respect des délais). Ces informations permettent de construire une base de données d'avis riches et informatifs, extrêmement utiles pour les futurs clients à la recherche d'informations fiables et précises sur les services offerts.

Côté agence : analyse des perceptions et défis de la gestion des avis négatifs

■ Perception des agents immobiliers sur l'impact des avis clients

Nous avons utilisé les données fournies par Opinion System, qui comprennent un échantillon de 250 agents immobiliers. Afin de simplifier les données, nous avons réalisé ici encore une analyse factorielle en composantes principales. Cette analyse nous a permis d'identifier 5 dimensions relatives à l'utilisation des avis clients et l'utilité perçue des avis pour les professionnels. Nous avons ensuite réalisé une typologie des répondants. Grâce à une analyse de variance, nous avons pu établir trois profils différents de professionnels immobiliers, évalués selon les cinq dimensions identifiées (figure 1.4).

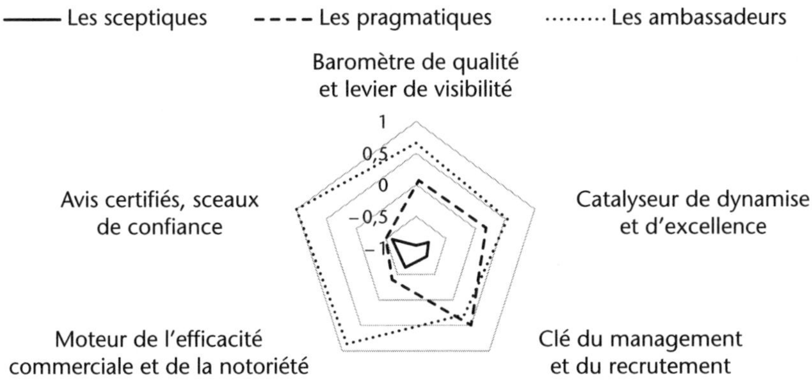

Figure 1.4 – Typologie des agents immobiliers selon leur perception de l'utilité des avis clients.

- *Les sceptiques (32,3 % de l'échantillon).* Ces agents immobiliers semblent les moins convaincus de la valeur des avis clients. Ils peuvent douter de l'authenticité et de la véracité des avis, qu'ils soient ou non certifiés. Ils n'accordent pas une grande importance aux avis clients en tant qu'outil pour le management ou l'amélioration du service, sans doute en raison de la faible diagnosticité des avis clients. Comme nous l'avons vu, ces avis sont peu détaillés. Peut-être doutent-ils également de l'utilisation des avis dans la prise de décision des clients. Ceci est cohérent puisque seulement 30 % des clients consultent ces avis avant de choisir un prestataire. Il conviendrait peut-être de mieux expliquer comment les avis clients peuvent être un outil précieux pour identifier les points forts et les axes d'amélioration, menant à une meilleure qualité de service et à la satisfaction client.
- *Les pragmatiques (29,3 %).* Ces agents reconnaissent l'utilité des avis pour affiner et améliorer leurs services. Ils utilisent les avis clients comme un retour d'information constructif, orienté vers la qualité et le service. Pour eux, les avis sont un élément important du management et du recrutement, suggérant qu'ils pourraient s'appuyer sur le feedback des clients pour prendre des décisions opérationnelles. En revanche, ils ne perçoivent pas l'intérêt des avis certifiés. Ils doutent de l'intérêt des avis pour la notoriété. Il conviendrait

donc d'éduquer ces agents sur la façon dont ils peuvent utiliser les avis certifiés dans leur stratégie marketing pour se différencier sur le marché et renforcer leur notoriété. Il serait également intéressant de leur proposer des outils qui permettent d'analyser les avis pour obtenir des indicateurs opérationnels et stratégiques. Cela leur permettrait de mieux comprendre l'utilité globale des avis.

- *Les ambassadeurs (38,4 %).* Ce groupe attribue une grande importance aux avis clients dans tous les domaines évalués. Ils sont convaincus que les avis certifiés sont un gage de confiance et de transparence. Ils croient fermement que les avis clients encouragent l'amélioration et le dynamisme des services immobiliers, indiquant qu'ils voient les critiques comme des opportunités de développement professionnel. Ils sont très enclins à considérer les avis clients comme un moteur de l'efficacité commerciale et de la notoriété, ce qui indique qu'ils pourraient utiliser activement les avis dans leur marketing et comme un outil de différenciation sur le marché immobilier. Il serait enfin intéressant d'illustrer comment ces avis peuvent mieux informer les décisions managériales.

Il nous a semblé intéressant de comparer l'utilisation des avis clients en fonction du genre (figure 1.5). On notera que seule la dimension management et recrutement présente des résultats statistiquement significatifs.

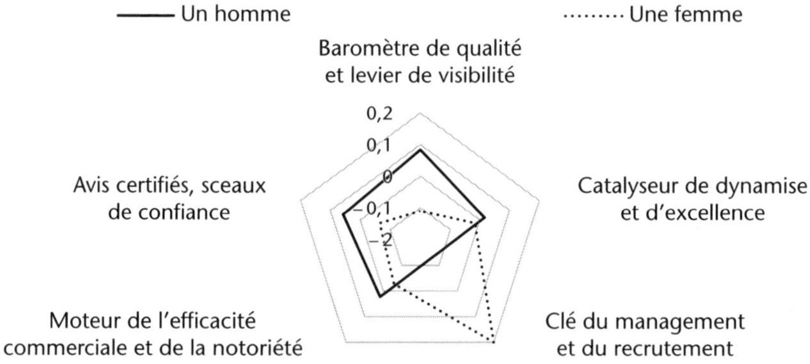

Figure 1.5 – Comparaison de l'utilité des avis selon le genre.

Il est notable de constater que, pour les femmes, les avis clients se révèlent être un outil significatif pour le management interne et le recrutement. Dans un contexte social où les femmes peuvent être confrontées à des stéréotypes de genre et à des biais inconscients qui mettent en doute leur autorité ou leurs capacités de leadership, les avis clients en tant que preuve sociale peuvent constituer un levier puissant pour renforcer leur leadership et légitimer leur prise de décision. Cette approche peut s'avérer particulièrement bénéfique pour la mise en œuvre de nouvelles politiques ou pratiques. Les avis clients agissent ainsi comme une validation externe. Des avis clients favorables peuvent servir à contrebalancer des perceptions défavorables et à asseoir leur autorité et leur expertise dans leurs décisions et leurs pratiques managériales.

■ Stratégies de réponse aux avis clients : cas pratiques et recommandations pour les agences immobilières

Ne pas rater les justiciers

Nous allons analyser trois cas d'avis publiés sur le net au regard des apports de la littérature présentée en première section. Nous avons sélectionné ces trois cas d'avis en ligne en raison de leurs caractéristiques : expression émotionnelle exacerbée, désir de vengeance et volonté d'avertir le public, mais également en raison de la non-réponse des professionnels au moment de la consultation.

Avis 1 : le justicier indigné

L'agence XXXX nous laisse nous débrouiller depuis plus de 6 mois et retient toujours nos 19 000 € malgré nos preuves de refus de financement. Du coup, nous avons pris un avocat et l'affaire ira sûrement en justice… contre les vendeurs et XXXX. En principe quand on passe par une agence, c'est justement pour éviter ce genre de problème… bref nul, nul, nul et malhonnête !

Cet avis client retrace un problème de retenue de fonds, un risque de procédure légale imminente et des accusations de malhonnêteté. Il est marqué par une forte indignation et des accusations graves, représente une menace critique pour l'e-réputation de l'agence. L'escalade judiciaire et les termes comme « malhonnête » amplifient le besoin d'une intervention urgente. L'agence immobilière en question devrait aborder la plainte très sérieusement, non seulement pour tenter de résoudre le problème spécifique du client, mais aussi pour éviter une érosion supplémentaire de sa réputation. Le client exprime clairement son intention de recourir à l'action en justice pour résoudre son problème, ce qui indique une quête de justice punitive. L'utilisation de termes tels que « malhonnête » et le fait de rendre publique l'affaire indiquent que le client se sent moralement outré par la situation et considère qu'il a le devoir de dénoncer cette malhonnêteté. Une approche proactive serait de répondre ouvertement à la plainte, de tenter de trouver une résolution amiable et de mettre en place des mesures pour éviter que de tels problèmes ne se reproduisent à l'avenir. Le client utilise cet avis pour signaler un comportement inacceptable de l'agence et mettre en garde les autres clients contre des pratiques potentiellement malhonnêtes. L'avis sert de catharsis pour le client, lui permettant d'exprimer sa frustration et sa colère face à la situation non résolue. La réponse à l'avis devra valider les sentiments du client, faire preuve d'empathie et proposer un dialogue direct (hors ligne) pour discuter de la situation plus en détail et chercher une solution mutuellement acceptable.

Avis 2 : le client frustré par le manque de réponse

Mécontente et archi mécontente ! Et ce n'est pas la peine de me dire d'aller sur la plateforme XXXX et de remplir une réclamation client : je l'ai déjà fait et personne ne répond ! Non seulement l'agence de Courbevoie (avenue Marceau) est nulle, mais aussi le service client de la maison mère. Nous sommes propriétaires et depuis 4 mois nous tentons vainement d'avoir des réponses à nos questions. Personne ne veut prendre nos appels et personne ne répond à nos messages… depuis 4 MOIS !!! Je peux vous dire que l'énervement est à son comble. Entre les travaux faits sans nous avertir, les biens qui ne sont pas mis en commercialisation, les changements de syndics qui ne sont pas faits, les états des lieux qui ne sont pas communiqués et où on ne peut pas rendre la caution... j'ai eu tous les cas d'école ! À fuir !!! On vous prendra votre argent mais ni l'agence ni la maison mère ne vous répond. C'est sûr qu'ils peuvent faire de la publicité !!!

Cet avis est représentatif d'une absence de communication et d'une non-résolution de plusieurs problèmes. L'accumulation de problèmes non résolus et le manque de réponse de l'agence exacerbent la frustration du client, risquant une détérioration plus profonde de la réputation de l'agence. L'intensité de l'émotion « *l'énervement est à son comble* » suggère un désir de vengeance ou de punition envers l'agence pour le traitement perçu. Par ces éléments, le client se rapproche plus du profil du « Justicier ». L'utilisation de termes tels que « *À fuir !!!* » implique que le client veut avertir les autres consommateurs et les protéger d'une expérience similaire. Pour l'agence immobilière, cette plainte est un signal d'alerte fort qui nécessite une réponse immédiate, personnalisée et empathique. La réponse de l'agence devra consister, comme pour le cas précédent, à reconnaître la gravité de la situation et mentionner les actions concrètes qui seront prises pour la rectifier. Elle devra indiquer également comment l'agence immobilière envisage de revoir ses processus internes pour s'assurer que de telles situations ne se répètent pas.

Avis 3 : l'expérience négative avec la direction

Bref, on se déplace à l'agence pour discuter avec le DIRECTEUR D'AGENCE. Nous l'avons attendu dans un bureau. L'agent immobilier sort et nous dit que le directeur est au téléphone. On patiente encore, puis l'agent immobilier nous dit que le DIRECTEUR D'AGENCE est tout simplement parti sans avoir pris la peine de nous saluer et de nous écouter. Le pire c'est que lorsqu'on rentre dans l'espace accueil, la première chose qu'on lit c'est que pour XXXX LA SATISFACTION du client est très importante. Nous n'avons pas du tout eu cette impression eu égard à la façon dont nous avons été considérés.

Cet avis client témoigne d'un manque de respect et de considération de la part du directeur d'agence immobilière. Il soulève des préoccupations sérieuses sur les valeurs de service client de l'agence, illustrant un contraste frappant entre les promesses de l'entreprise et l'action du personnel. Le client exprime une indignation marquée, indiquant un sentiment d'injustice perçue due à l'absence d'écoute et de considération, ce qui est caractéristique des « justiciers ». L'avis sert de moyen pour le client de dénoncer ce qu'il considère être une hypocrisie (la dichotomie entre les valeurs affichées par l'entreprise et le comportement du directeur) et de mettre en garde d'autres clients potentiels contre l'agence. L'expérience négative vécue par le client et partagée publiquement pourrait avoir des conséquences significatives pour la réputation de l'agence immobilière si elle n'est pas traitée correctement. Une telle plainte appelle à une réponse immédiate et authentique de la part de l'agence pour adresser les préoccupations du client, corriger l'impression de service client déficient, et potentiellement restaurer la confiance envers la marque. La réponse de l'agence devra admettre l'inacceptabilité de l'incident, présenter des excuses sincères, et informer des actions prises contre le manquement professionnel démontré par le directeur. La réponse de l'agence devra reconnaître les émotions du client, et proposer une nouvelle rencontre avec un engagement ferme d'une attention et écoute adéquates, peut-être avec un autre haut responsable si nécessaire, pour résoudre les problèmes du client de manière constructive.

Le tableau 1.2 récapitule les objectifs des trois avis clients, le type d'utilité recherchée et les manières possibles pour les agences immobilières de répondre à ces attentes.

Tableau 1.2 – Réclamations clients : objectifs, utilités et réponses idéales.

Avis	Objectifs de la réclamation	Utilité	Réponses idéales
1	Profil justicier	– Souci d'aider les autres clients – Exercice d'un pouvoir comme instrument de pression	Reconnaître la gravité de la situation, présenter des excuses sincères et proposer une résolution amiable tout en informant sur les mesures prises pour éviter que de tels problèmes ne se reproduisent.
2	Profil justicier	– Catharsis par l'expression publique d'émotions négatives et l'indignation – Utilisation de plateformes pour mobiliser le soutien des autres et faire pression sur l'entreprise	Répondre avec empathie, reconnaître spécifiquement les problèmes évoqués, assurer que des actions concrètes sont prises pour résoudre ces problèmes et suivre activement le cas pour assurer la satisfaction du client.
3	Profil justicier	– Catharsis par l'expression publique d'émotions négatives – Utilisation de plateformes pour mobiliser le soutien des autres et faire pression sur l'entreprise	Offrir une rencontre personnelle avec un responsable de haut niveau pour discuter des préoccupations de manière constructive et assurer que des mesures sont prises pour éviter une répétition de cette situation.

Grandeur et décadences des avis automatisés

Comme nous l'avons vu avec ces trois exemples, une gestion proactive et stratégique des réclamations est fondamentale. Nous avons conduit une seconde collecte de données à partir du site Trustpilot. Ce site permet de filtrer les avis facilement, notamment d'identifier les avis négatifs qui ont obtenu des réponses. De façon globale, peu d'avis négatifs ont trouvé une réponse et quand celle-ci était faite, elle était trop générique (tableau 1.3).

Tableau 1.3 – Gestion des avis négatifs par différents réseaux immobiliers.

	Nombre d'avis	Notation 1 étoile	Réponses aux avis négatifs
Laforêt immobilier	146	60 %	Réponses automatisées à 71 avis négatifs sur 142
Guy Hoquet	35	56 %	Aucune
Century 21	218	72 %	Aucune
Era	732	5 %	Aucune
Hosman	4 071	< 1 %	Réponses automatisées à 11 avis négatifs sur 33
Foncia	4 079	49 %	Réponses automatisées à 452 avis négatifs sur 1 914
Liberkeys	3 469	< 1 %	Réponses automatisées parfois personnalisées à 12 avis négatifs sur 23
Orpi	227	78 %	Aucune
Human	13	23 %	Aucune

Dans l'exemple ci-après, la réponse de l'agence est un pas dans la bonne direction. L'agence montre qu'elle a reconnu la plainte, ce qui est un premier pas positif en termes de réactivité.

Réponse 1 : confirmation automatique de traitement

Bonjour, votre demande a bien été prise en charge depuis votre échange avec notre service clients il y a 2 jours. Votre dossier est en cours de traitement par nos équipes. Merci bonne journée.

La reconnaissance de la prise en charge est importante pour montrer aux clients qu'ils sont entendus. Toutefois la réponse est générique et automatique. Une réponse plus personnalisée, adressant directement les préoccupations spécifiques soulevées par le client, aurait pu être perçue comme plus sincère et attentionnée. La réponse ne fournit pas de détails sur les étapes spécifiques qui seront prises pour résoudre le problème ni sur le délai attendu pour le traitement du dossier, ce qui pourrait laisser le client dans l'incertitude. Bien que la réponse soit professionnelle, elle peut manquer de l'empathie nécessaire pour apaiser un client déjà frustré. Une expression de regret pour la situation aurait pu démontrer davantage de compréhension et de volonté de résoudre le problème. La réponse n'invite pas le client à un échange plus approfondi pour discuter des problèmes rencontrés. Une telle invitation aurait pu renforcer la perception d'un service client attentif et personnalisé. Pour les autres consommateurs qui lisent cette réponse, l'agence peut sembler s'engager à résoudre les problèmes, mais sans un suivi visible et efficace, cette perception pourrait s'avérer temporaire et superficielle. Pour rétablir la confiance, l'agence devrait fournir une résolution satisfaisante, communiquer de manière transparente sur les progrès réalisés et démontrer son engagement envers la satisfaction de ses clients par des mesures tangibles.

Réponse 2 : réponse explicative pseudo-personnalisée

Bonjour Marc, tous les commentaires et avis sont importants pour nous et nous sommes navrés de lire cela. Les agences du réseau XXXX sont juridiquement et financièrement indépendantes, vous pouvez cependant transmettre votre réclamation auprès de notre service clients XXX. La satisfaction de nos clients est notre priorité, votre avis nous aide à constamment nous améliorer. Bonne journée. L'équipe XXXX

La réponse de l'agence XXXX semble ici viser à reconnaître l'importance des avis clients et à rediriger le plaignant vers le bon canal pour résoudre son problème. Toutefois, en examinant la réponse sous l'angle des préconisations adaptées au profil et à l'utilité de la plainte, on peut identifier certaines lacunes. L'agence reconnaît l'importance des avis et exprime son regret face à la situation. Bien que la reconnaissance soit présente, elle reste assez générique. Il serait plus efficace de reconnaître spécifiquement les points soulevés par le client dans son commentaire et de reconnaître la frustration du client. L'agence devrait montrer qu'elle prend au sérieux le feedback pour éviter que d'autres clients subissent la même expérience, et communiquer spécifiquement comment elle compte s'améliorer. La redirection vers un autre service peut sembler dépersonnalisée et inefficace, ne soulignant pas le rôle de l'agence comme facilitateur actif dans la résolution du problème. Il conviendrait de clarifier la responsabilité de l'agence locale dans le traitement des plaintes et offrir une action immédiate ou un contact direct qui montre un engagement à résoudre le problème. Cela aurait pu offrir une forme de catharsis liée à une résolution visible et rapide du problème, contribuant ainsi à restaurer un sentiment de justice. La réponse manque d'empathie spécifique à la frustration exprimée par le client. L'expression d'empathie plus profonde aurait pu montrer que le professionnel comprend vraiment l'impact de l'expérience sur le client. Il aurait été préférable de personnaliser la réponse pour montrer que l'agence valorise vraiment l'opinion du client et apprécie son effort pour partager son expérience, renforçant l'importance de son avis. La réponse mentionne également que l'avis aide à l'amélioration constante, mais sans engagement concret. Il conviendrait de fournir des exemples concrets ou des mesures spécifiques que l'agence prendra pour éviter de tels problèmes à l'avenir, démontrant un engagement réel envers l'amélioration. Enfin, le ton est poli mais peut sembler distant ; la clôture de la communication semble précipitée.

L'analyse des réponses aux avis nous a conduits à identifier leurs principales faiblesses. Le tableau 1.4 montre comment chaque défi dans la gestion des avis négatifs peut affecter la perception des clients et la réputation de l'entreprise, et il souligne l'importance d'actions spécifiques pour améliorer la communication et la satisfaction client.

Tableau 1.4 – Impact de la gestion inefficace des avis et recommandation pour leur amélioration.

Gestion des avis	Conséquences	Actions recommandées
Non-réponse	infidélité	Répondre à tous les avis pour montrer que l'entreprise valorise les retours clients.
Réponses génériques et automatiques	Impression d'indifférence	Personnaliser les réponses pour montrer un engagement envers chaque client.
Manque de personnalisation	Absence de connexion personnelle	Adapter les réponses aux détails spécifiques de chaque plainte.
Délais de réponse prolongés	Augmentation de la frustration	Répondre rapidement pour diminuer la frustration et montrer de la réactivité.
Manque de transparence ou d'engagement concret	Perte de confiance	Être transparent sur les mesures prises pour résoudre le problème et s'engager à améliorer les pratiques.
Non-suivi des problèmes	Perception d'un manque de fiabilité	Suivre efficacement les résolutions pour assurer une satisfaction durable.
Tonalité inappropriée ou défensive	Détérioration des relations	Adopter une tonalité empathique et ouverte pour renforcer les relations avec les clients.
Échec à reconnaître et adresser le cœur du problème	Répétition des erreurs	Reconnaître explicitement le problème et démontrer des mesures correctives concrètes.

Ces exemples montrent que les agences doivent préparer leurs équipes à gérer efficacement les problèmes des clients. Cette formation devra couvrir les techniques de communication respectueuse et empathique, tenant compte des attentes des clients, des normes de justice perçue et des réponses émotionnelles. Une réponse empathique, incluant des excuses sincères et l'admission de fautes éventuelles, peut atténuer le mécontentement du client et désamorcer la frustration souvent exprimée dans le feu de l'action. Des politiques claires sur la manière de traiter les informations personnelles et les réclamations des clients devront être établies. Dans certains cas, il peut être approprié de déplacer la conversation hors de la plateforme publique vers un canal plus privé pour discuter de détails sensibles, tout en maintenant une transparence sur les réseaux sociaux concernant le fait que le problème est en cours de résolution. Dans tous les cas la réponse à un avis négatif doit être rapide, personnalisée, empathique et résolutive (suivi d'actions concrètes).

Pour les professionnels de l'immobilier, ces résultats soulignent l'importance :

- d'investir dans des formations pour le personnel de contact client pour gérer les plaintes et les erreurs de manière empathique et efficace ;
- de mettre en place des processus clairs pour la gestion des réclamations et des récupérations de service ;
- d'implémenter des systèmes de feedback pour que les clients puissent facilement signaler des problèmes et donner leurs avis ;
- d'instaurer un suivi post-résolution pour s'assurer de la satisfaction des clients et maintenir la relation.

Cela inclut également de donner au personnel les outils et l'autorité nécessaires pour résoudre les problèmes rapidement et de manière satisfaisante.

Conclusion

Étant donné la complexité des services immobiliers, il est inévitable que certaines interactions génèrent de l'insatisfaction, des déceptions ou divers problèmes. Les avis négatifs, souvent redoutés par les entreprises, doivent en réalité être envisagés comme une ressource précieuse pour l'amélioration continue. Plutôt que de les percevoir comme des menaces, ils doivent être embrassés comme des opportunités d'engagement profond avec les clients et d'amélioration des services proposés. Ce sont des commentaires authentiques et souvent chargés émotionnellement, qui tendent à être plus détaillés que les retours positifs. Ils indiquent clairement ce qui doit être amélioré et aident à prioriser les actions correctives ; une plainte récurrente sur un problème spécifique signalant une zone d'intervention urgente pour l'entreprise. Ils servent non seulement à identifier les « points de douleur » spécifiques qui nuisent à l'expérience client, mais aussi à orienter les entreprises vers les améliorations nécessaires qui peuvent prévenir de futurs problèmes. Chaque commentaire négatif peut être envisagé comme un « moment de vérité », révélant les interactions cruciales entre le client et l'entreprise et marquant souvent un point tournant dans leur parcours. En compilant ces données, les entreprises peuvent non seulement construire ou ajuster leur parcours client pour réduire les frictions, mais aussi évaluer la conformité de leur service aux standards attendus par la clientèle.

Cette étude souligne l'importance de la gestion des avis en ligne non seulement comme un mécanisme de contrôle de l'e-réputation mais aussi comme un élément central de la stratégie de service client dans le secteur immobilier, où les décisions d'achat sont particulièrement influencées par les perceptions de risque et de qualité du service. Les stratégies de gestion proactive des avis négatifs, incluant une veille attentive et des réponses rapides et personnalisées, témoignent de l'engagement de l'entreprise envers ses clients. En reconnaissant ouvertement les erreurs et en mettant en œuvre des mesures correctives efficaces, les entreprises peuvent transformer des expériences négatives en interactions positives, renforçant ainsi la fidélité et la satisfaction des clients. Cela conduit non seulement à la rétention des clients existants mais attire également de nouveaux clients grâce à une réputation d'excellence dans le service client.

Par ailleurs, l'implication des clients dans le processus d'amélioration continue s'avère être une démarche bénéfique pour l'innovation. Les retours directs des clients fournissent des informations uniques qui peuvent difficilement émerger des processus de réflexion internes. Cette collaboration peut transformer les pratiques commerciales, enrichissant les offres de l'entreprise et assurant leur adéquation avec les besoins réels des consommateurs. Ces interactions peuvent même inspirer l'innovation en suggérant des domaines où les besoins des clients ne sont pas encore satisfaits.

Enfin, exceller dans la récupération après un service défaillant permet à une entreprise de se démarquer dans un marché concurrentiel. Les entreprises qui gèrent efficacement les échecs de service peuvent se différencier significativement de leurs concurrents, améliorant ainsi leur image de marque et augmentant leur compétitivité. La capacité d'une entreprise à gérer les avis négatifs de manière constructive est donc cruciale pour bâtir une relation de confiance durable avec les clients, stimuler l'innovation, et maintenir une dynamique de croissance positive. Les avis négatifs ne sont pas simplement des obstacles à surmonter, mais des tremplins vers l'excellence opérationnelle et la satisfaction clientèle. Ceci met en évidence la nécessité pour les entreprises de former leur personnel à répondre efficacement aux avis négatifs et de mettre en place des ressources adéquates pour gérer les échecs de service de manière empathique et professionnelle.

Bibliographie

Ahmad, W., & Sun, J. (2018). Modeling consumer distrust of online hotel reviews. *International Journal of Hospitality Management*, 71: 77-90.

Barnett, M.L., Jermier, J.M., & Lafferty, B.A. (2006). Corporate reputation: The definitional landscape. *Corporate Reputation Review*, 9: 26-38.

Bitner, M.J., Booms, B.H., & Tetreault, M.S. (1990). The service encounter: diagnosing favorable and unfavorable incidents. *Journal of Marketing*, 54(1): 71-84.

Berry, Leonard L. (1980). Services Marketing is Different, *Business*, 30 (May-June): 24-29.

Bolton, R.N. (2016). Service excellence: creating customer experiences that build relationships. *Business Expert Press*.

Cardon, V. (2015). La guerre des étoiles. La réputation hôtelière à l'épreuve du web contributif. *Revue d'anthropologie des connaissances*, 9(9-1).

Chen, Z., & Lurie, N.H. (2013). Temporal contiguity and negativity bias in the impact of online word of mouth. *Journal of Marketing Research*, 50(4): 463-476.

Cheng, S., Lam, T., & Hsu, C.H. (2006). Negative word-of-mouth communication intention: An application of the theory of planned behavior. *Journal of Hospitality & Tourism Research*, 30(1): 95-116.

Chevalier, J.A., & Mayzlin, D. (2006). The effect of word of mouth on sales: Online book reviews. *Journal of Marketing Research*, 43(3): 345-354.

Choi, B., & Choi, B.J. (2014). The effects of perceived service recovery justice on customer affection, loyalty, and word-of-mouth. *European Journal of Marketing*, 48(1/2): 108-131.

De Villartay, S. (2020). Consommateurs et salariés face à une crise de réputation d'entreprise : une lecture par le contrat psychologique et l'identification organisationnelle (Doctorat dissertation, Paris 1).

Dolphin, R.R. (2004). Corporate reputation–a value creating strategy. *Corporate Governance: The International Journal of Business in Society*, 4(3): 77-92.

Goffman, E. (2002). The presentation of self in everyday life. 1959. Garden City, NY, 259.

Gray, E.R., & Balmer, J.M. (1998). Managing corporate image and corporate reputation. *Long Range Planning*, 31(5): 695-702.

Grégoire, Y., Radanielina-Hita, M.L., & Lord, S. (2018). Comment reconnaître et gérer les conciliateurs et les justiciers du web ? *Gestion*, 43(4), 100-104.

Hennig-Thurau, T., Gwinner, K.P., Walsh, G., & Gremler, D.D. (2004). Electronic word-of-mouth via consumer-opinion platforms: what motivates consumers to articulate themselves on the internet? *Journal of Interactive Marketing*, 18(1): 38-52.

Heskett, J.L., Jones, T.O., Loveman, G.W., Sasser, W.E., & Schlesinger, L.A. (1994). Putting the service-profit chain to work. *Harvard Business Review*, 72(2), 164-174.

Higgins, E.T. (1997). Beyond pleasure and pain. *American Psychologist*, 52(12): 1280.

Hirschman, A. O. (1970). Exit, voice, and loyalty: Responses to decline in firms, organizations, and states (Vol. 25). Harvard University Press.

Hong H., Xu D., Xu D., Wang G.A. et Fan W. (2017). A meta-analysis on the determinants of online review helpfulness, Actes de la Conférence WHICEB 2017, 34.

Kahneman, D. (2011). *Thinking, fast and slow*. Macmillan.

Lee, J., Park, D.H., & Han, I. (2011). The different effects of online consumer reviews on consumers' purchase intentions depending on trust in online shopping malls: An advertising perspective. *Internet Research*, 21(2): 187-206.

Lewis, B.R., & McCann, P. (2004). Service failure and recovery: evidence from the hotel industry. *International Journal of Contemporary Hospitality Management*, 16(1): 6-17.

Lynch Jr, J.G., Marmorstein, H., & Weigold, M.F. (1988). Choices from sets including remembered brands: Use of recalled attributes and prior overall evaluations. *Journal of Consumer Research*, 15(2): 169-184.

Meyers-Levy, J., & Loken, B. (2015). Revisiting gender differences: What we know and what lies ahead. *Journal of Consumer Psychology*, 25(1), 129-149.

Mumu, J.R., Saona, P., Mamun, M.A.A., & Azad, M.A.K. (2022). Is trust gender biased? A bibliometric review of trust in E-commerce. *Journal of Internet Commerce*, 21(2): 217-245.

Natarajan, M., & Periaiya, S. (2024). Revealing consumer review attitude through online review and website cues. *Journal of Consumer Marketing*.

Pavlou, P.A., & Dimoka, A. (2006). The nature and role of feedback text comments in online marketplaces: Implications for trust building, price premiums, and seller differentiation. *Information Systems Research*, 17(4): 392-414.

Payne, J.W., Bettman, J.R., & Johnson, E.J. (1992). Behavioral decision research: A constructive processing perspective. *Annual Review of Psychology*, 43(1): 87-131.

Proserpio, D., & Zervas, G. (2017). Online reputation management: Estimating the impact of management responses on consumer reviews. *Marketing Science*, 36(5): 645-665.

Rushton, A.M., & Carson, D.J. (1989). The marketing of services: managing the intangibles. *European Journal of Marketing*, 23(8): 23-44.

Sabadie, W., Prim-Allaz, I., & Llosa, S. (2006). Contribution des éléments de gestion des réclamations à la satisfaction : les apports de la théorie de la justice. *Recherche et Applications en Marketing* (French Edition), 21(3) : 47-64.

Schuckert, M., Liu, X., & Law, R. (2015). Hospitality and tourism online reviews: Recent trends and future directions. *Journal of Travel & Tourism Marketing*, 32(5): 608-621.

Shamma, H. M. (2012). Toward a comprehensive understanding of corporate reputation: Concept, measurement and implications. *International Journal of Business and Management*, 7(16): 151-169.

Spreng, R.A., Harrell, G.D., & Mackoy, R.D. (1995). Service recovery: impact on satisfaction and intentions. *Journal of Services Marketing*, 9(1): 15-23.

Sun, J., & Liu, C. (2005, June). Research on the service recovery system of Chinese real estate industry. In: Proceedings of ICSSSM'05. 2005 International Conference on Services Systems and Services Management, 2005. (Vol. 2, pp. 1269-1272). IEEE.

Sundaram, D.S., Mitra, K., & Webster, C. (1998). Word-of-mouth communications: A motivational analysis. *Advances in Consumer Research*, 25(1).

Tax, S.S., Brown, S.W., & Chandrashekaran, M. (1998). Customer evaluations of service complaint experiences: implications for relationship marketing. *Journal of Marketing*, 62(2): 60-76.

Varnali, K., & Cesmeci, C. (2022). Customer responses to service failures on social media. *Journal of Services Marketing*, 36(5): 691-709.

Willemsen, L.M., Neijens, P.C., Bronner, F., & De Ridder, J.A. (2011). "Highly recommended!" The content characteristics and perceived usefulness of online consumer reviews. *Journal of Computer-Mediated Communication*, 17(1): 19-38.

Ye, Q., Law, R., & Gu, B. (2009). The impact of online user reviews on hotel room sales. *International Journal of Hospitality Management*, 28(1): 180-182.

Zablocki, A., Schlegelmilch, B., & Houston, M.J. (2019). How valence, volume and variance of online reviews influence brand attitudes. *Ams Review*, 9, 61-77.

Zeithaml, V.A., Berry, L.L., & Parasuraman, A. (1993). The nature and determinants of customer expectations of service. *Journal of the Academy of Marketing Science*, 21: 1-12.

Zervas, G., Proserpio, D., & Byers, J.W. (2015, June). The impact of the sharing economy on the hotel industry: Evidence from Airbnb's entry into the Texas market. In: Proceedings of the Sixteenth ACM Conference on Economics and Computation (pp. 637-637).

Zhu, F., & Zhang, X. (2010). Impact of online consumer reviews on sales: The moderating role of product and consumer characteristics. *Journal of Marketing*, 74(2): 133-148.

Chapitre 2

Rôle et impacts des NAVA[1] dans la gestion de la relation client

Par Sandrine Heitz-Spahn et Béatrice Siadou-Martin

« – Vous pourriez déplacer l'accès à l'étage en mettant l'escalier, ici. En abattant la cloison, votre obtiendrez un espace de vie de 40 m² comme vous le souhaitez. Vous pourriez installer là votre cuisine en récupérant l'eau et les évacuations de la salle de bain. Et là, vous mettriez votre coin séjour. Vous voyez ?

– Non, pas du tout ! »

---

1 L'acronyme NAVA désigne : Nouvelles aides à la vente et à l'achat.

Ce court dialogue entre un agent immobilier et son potentiel client illustre bien les difficultés que rencontrent certains consommateurs à se projeter dans un bien immobilier qu'ils pourraient acquérir.

Aussi bien dans l'achat que dans la location de biens particuliers ou professionnels[1], de nombreux biens nécessitent des travaux ou tout du moins des aménagements, afin de satisfaire les besoins des futurs clients. Le premier contact avec un bien immobilier passe souvent par un visuel, qu'il s'agisse d'une photographie dans une annonce ou sur un réseau social, d'une visite ou encore d'un repérage sur place. Ainsi, les professionnels du secteur s'accordent pour souligner le caractère décisif des quelques premières minutes de visite d'un bien comme l'indiquent la presse professionnelle[2] ou les recherches académiques (Larceneux *et al.*, 2018), ainsi que l'importance de la phase de présentation des biens dans le processus de vente.

D'un point de vue conceptuel, la littérature en marketing des services souligne l'acuité de la problématique liée à l'intangibilité de ceux-ci. Elle traduit le fait qu'ils ne sont ni vus, ni touchés en amont de la prestation, ce qui rend subséquemment leur appréciation *ex ante* complexe (Berry, 1995 ; Berry 2002). À l'instar de la photographie, tous les dispositifs permettant de « tangibiliser » un service sont donc des outils d'aide à la vente précieux pour les professionnels de l'immobilier. Dans cette perspective, les prestations de *home staging* se sont largement déployées pour « mieux vendre » (c'est-à-dire au prix souhaité dans un délai bref) et ont été démocratisées dans des émissions télévisuelles telles que *Maison à vendre*. Elles ont pour finalité de montrer l'espace et son utilisation possible ainsi que de permettre aux visiteurs de se projeter. Ces difficultés de projection ont également conduit certaines agences

---

1 Cela peut également concerner la vente de prestations hôtelières ou celle d'espaces de congrès.

2 « Préparer son logement pour une visite immobilière », *Challenges*, 30 novembre 2021.

immobilières à proposer une location de courte durée avant de procéder à la vente.

Dans ce contexte, le secteur immobilier intègre de plus en plus de dispositifs technologiques qui apportent une aide précieuse dans la projection des consommateurs. À titre d'illustration, citons la visite à 360°, les vitrines connectées, le *home staging* virtuel, les *stories* sur Instagram, la réalité augmentée ou virtuelle, etc.

Ces dispositifs technologiques d'aide à la décision pour le consommateur sont désignés par l'acronyme NAVA par Beck et Crié (2015). Ces auteurs proposent de les définir comme « des outils plus ou moins dématérialisés, interactifs ou purement techniques composant une nouvelle génération d'aides à la vente ou à l'achat (NAVA) » (Beck & Crié, 2015, p. 132). La littérature sur les NAVA a étudié leur rôle et leurs impacts dans de nombreux contextes, et plus particulièrement dans les grandes surfaces spécialisées (Bendjaballah, 2023 ; Franck & Dampérat, 2022). S'ils constituent incontestablement une aide à la vente en fournissant les informations exactes au bon moment ou en permettant des services personnalisés, ils peuvent revêtir également des inconvénients importants : par exemple, ils peuvent détériorer la relation commerciale ou générer des appréhensions de la part des vendeurs. Ces derniers peuvent percevoir dans les dispositifs digitaux la fin potentielle de leurs emplois, ce qui doit inciter le management à accompagner l'appropriation de ces dispositifs par l'ensemble des collaborateurs de l'entreprise. Pourtant, aucune recherche n'a investigué, à ce jour et à notre connaissance, le rôle et l'impact des NAVA dans la gestion de la relation client dans l'immobilier bien que les pratiques managériales montrent une adoption de plus en plus large[1].

Après avoir présenté les spécificités du processus de décision du consommateur dans le contexte de l'immobilier, cette contribution s'intéressera plus spécifiquement à dresser un état des lieux des technologies utilisées, puis à en apprécier les impacts sur la gestion de la

1 2023 : le digital essentiel pour les agences immobilières (garantme.fr)

relation client. Pour ce faire, nous avons mené une étude quantitative auprès de 87 consommateurs. Cette étude a comparé l'efficacité de trois dispositifs de présentation : des photographies, une vidéo de présentation du bien réalisée par un professionnel et une visite en *live*. Nous avons évalué leur impact sur la réaction des consommateurs, mesurée par leur attitude envers le dispositif utilisé et leur intention de louer le logement. L'étude a également pris en compte la capacité des individus à se projeter dans l'espace présenté ainsi que le besoin de rechercher de l'information. Les apports de la revue de la littérature et de l'étude conduite permettent de formuler un agenda de recherche et des préconisations à l'égard des professionnels du secteur.

La digitalisation de la relation client dans le secteur de l'immobilier

La digitalisation progressive des activités immobilières

L'immobilier représente un poste de dépense majeur pour les Français. La part du revenu disponible des ménages français consacrée à ce poste de dépense représente 17,5 % du revenu disponible (Statista, Godoy Hilario, 2020[1]). Le secteur de l'immobilier constitue une part prééminente dans l'économie française (Cheminant, 2021a), secteur qui a connu des bouleversements majeurs dans ses pratiques et dans son environnement, qu'il soit économique, sociétal ou technologique. D'un point de vue micro, l'immobilier correspond au lieu de vie des individus. C'est donc un élément identitaire fort. D'un point de vue méso, les villes ou les quartiers se doivent de réfléchir à un « vivre ensemble » harmonieux, permettant de mixer les populations

1 Paul Manuel Godoy Hilario, publié le 23/07/2019. Site « Statista ».
Disponible à l'adresse : https://fr.statista.com/statistiques/601711/chiffre-d-affaires-nintendo/

et de proposer des lieux de vie, des services marchands ou culturels, des services à la personne (notamment, la santé)...

Ce contexte a favorisé « l'innovation au sein de l'écosystème immobilier » (Cheminant, 2021b) et la crise sanitaire a marqué un tournant majeur dans le processus de dématérialisation des activités immobilières, notamment avec l'usage de nouveaux outils digitaux à destination de la clientèle (Cheminant, 2021a). Le développement et l'intégration des outils numériques et de logiciels dédiés dans les pratiques professionnelles des acteurs (gestion électronique des documents, applications spécifiques métiers, dématérialisation de tâches liées à la gestion administrative, progiciel de gestion de la relation client, etc.) ont permis de faire émerger des nouveaux dispositifs tels que la visite en réalité augmentée ou la visite virtuelle dont l'objectif est de faciliter la relation client et de rendre plus efficaces certaines activités chronophages et récurrentes pour l'agent immobilier (Cheminant, 2021b). La digitalisation offre donc de nouvelles opportunités de « servicialisation » aux entreprises (Coreynen, Matthyssens & Van Bockhaven, 2017) et plus particulièrement aux entreprises du secteur immobilier, des opportunités « pour transformer leur modèle économique en ne le fondant plus seulement sur la rente d'information mais sur une proposition de services plus globale, correspondant à des bénéfices attendus par certains consommateurs lorsque d'autres n'y voient pas d'intérêt » (Larceneux, Lefebvre & Simon, 2014, p. 515).

Selon la Boîte Immo[1], société spécialisée dans les solutions digitales pour l'immobilier, 97 % des professionnels immobiliers interrogés dans leurs études déclarent ainsi utiliser un logiciel immobilier, 67 % sont dotés d'une solution de partage de mandats, 47 % d'un outil de visite virtuelle, 38 % ont recours aux vidéos de biens immobiliers, 30,5 % aux logiciels d'estimation en ligne et 12,5 % utilisent les services de *home staging* virtuel.

1 https://www.la-boite-immo.com/sites/default/files/2024-01/cp_observatoire-ik_202401.pdf

Cette digitalisation questionne le secteur et permet l'émergence de nouveaux modèles d'affaires[1]. Ainsi, des entreprises intermédiaires entre consommateurs et agents immobiliers émergent et promettent de mettre en relation le porteur de projets avec un réseau d'agences parfois concurrentes. De même, même si ce modèle d'affaires n'est pas totalement convaincant à ce stade du point de vue des performances financières, il peut être intéressant d'évoquer les initiatives totalement digitalisées qui se développent. En 2019, deux papas niçois entrepreneurs, Nicolas Fratini et Frédéric Ibanez, ont lancé un concept qu'ils qualifient de « révolutionnaire ». Les Agences de Papa sont une entreprise à mission qui vise à fournir un accès égalitaire au logement. Ils proposent une agence immobilière totalement digitalisée qui se rémunère à l'aide d'une commission fixe. Autrement dit, tout le processus de transaction immobilière se réalise en ligne.

Loin d'être exhaustif, le tableau 2.1 présente les principaux outils digitaux auxquels les agences immobilières peuvent recourir et qui ont un impact sur la relation client. Ceux-ci permettent d'alléger ou de modifier les processus peu créateurs de valeur, de réorganiser des processus en transformant les données collectées en connaissance et de travailler sur l'offre offerte (Siadou-Martin, 2018).

Tableau 2.1 – Un aperçu des outils digitaux disponibles pour une gestion plus efficace de la relation client.

Dispositif	Illustration
Accroître la visibilité	
Site Internet	Les techniques de *brand content* sont fréquentes pour améliorer le référencement naturel du site et apparaître comme un expert du domaine.
Réseaux sociaux	Cela permet d'interagir avec les clients et de diffuser de la publicité payante.
Campagne d'emailing	Cela permet d'adopter des démarches segmentées pour viser au mieux les prospects.
Vitrine connectée	Cela permet de capter l'attention des passants (rôle de la mémorisation) et d'apparaître moderne.
Solutions collaboratives	Les agences immobilières d'un secteur peuvent mettre en commun leurs ressources pour mieux répondre aux attentes des clients.

1 Les impacts de la digitalisation sur les pratiques des agences immobilières (proprilib.fr)

Dispositif	Illustration
Transformer le prospect en client	
Application mobile	Certaines applications permettent de connaître la luminosité d'un lieu (argument de vente très important), autrement dit de pouvoir « prouver » les attributs distinctifs du bien vendu.
Visite en *live*	Cette visite permet de proposer une visite en temps réel sans déplacement du client.
Home staging virtuel	Cela permet aux prospects de se projeter dans le bien immobilier (travaux à réaliser ou aménagements du lieu).
Réalité virtuelle, augmentée	Ces technologies permettent de proposer des représentations en 3D des biens. L'intérêt est fort pour les ventes sur plan.
Photo 360°	Les photographies donnent un premier aperçu du bien et sont de nos jours de grande qualité.
Gérer de manière efficiente les processus	
Logiciel immobilier	L'agent immobilier peut gérer ses contacts, ses rendez-vous, la rédaction des annonces. Cela peut être une bibliothèque des documents juridiques.
Édition contrats, signature électronique	La signature électronique permet de fluidifier les échanges immobiliers. Cela représente un gain de temps et facilite le stockage des documents.
Espace en ligne	Grâce à cet espace numérique, de nombreuses actions peuvent être gérées aussi bien pour des biens en location ou en transaction (appel de fonds, paiement des frais, etc.)
Visioconférence	Depuis la crise de la Covid-19, ce support d'entretien est rentré dans les normes professionnelles.

Ces outils digitaux ont également permis aux consommateurs d'avoir accès à l'information sur le marché et sur les biens proposés, et cette « nouvelle » expertise modifie les règles de la négociation (Distler, 2023). Alors que l'existence d'un agent immobilier, intermédiaire entre les offreurs et les demandeurs, se justifiait historiquement par le monopole informationnel de ce dernier, cette position a été fortement remise en cause par la digitalisation du secteur immobilier (Gardès, 2019) et il assume aujourd'hui un rôle différent auprès de ses clients. Il est important de noter que les outils digitaux ne peuvent se substituer intégralement aux interactions humaines, il s'agit donc de comprendre la complémentarité entre les différents points de contact que peuvent développer les entreprises avec les consommateurs (Racat et Capelli, 2014).

Le rôle de l'agent immobilier durant le processus de décision du consommateur dans le contexte de l'immobilier

Au cours de son processus de décision, un consommateur est influencé par de nombreux facteurs internes (motivation, personnalité, contraintes budgétaires) et externes (publicités, bouche-à-oreille). Le consommateur peut ainsi s'appuyer sur un grand nombre de sources d'information que Filser (1992) classe en fonction du statut de la source (commerciale ou non commerciale) et de la nature de la relation du consommateur avec la source d'information (en distinguant notamment, relation amicale ou relation commerciale). Le vendeur est ainsi considéré comme une source commerciale de nature personnelle et l'information en magasin comme une source commerciale non personnelle.

Dans le contexte de l'immobilier, l'agent immobilier est un acteur de premier plan d'aide à la décision du consommateur : il semble donc nécessaire de définir la profession d'agent immobilier et d'identifier son périmètre d'activité. L'agent immobilier est l'intermédiaire entre le vendeur et l'acquéreur, ou le propriétaire et le candidat locataire. Plus communément, il peut être appelé « transactionnaire ». Il est le mandataire agissant dans le cadre du mandat donné par son client « mandant » (Cheminant 2021a, p. 11). Selon Larceneux et Parent (2018), « le cœur de métier de l'agent immobilier est de vendre, au prix le plus élevé acceptable par le marché, les biens pour lesquels il a un mandat, mais sa réussite vient surtout de sa capacité à trouver des mandats et à vendre rapidement » (p. 42). Il assure par ailleurs l'un des principes essentiels du paradigme de la relation client dans l'immobilier : la réassurance. Les outils digitaux doivent servir d'appui pour favoriser la confiance du consommateur à l'égard du professionnel qui l'accompagne en améliorant d'une part sa crédibilité et d'autre part, en montrant une forte considération des intérêts du client (sa bienveillance à l'égard du prospect, c'est-à-dire sa capacité à considérer également ses intérêts dans cette interaction commerciale).

Équipé ou non d'outils digitaux, sa capacité à valoriser les caractéristiques du bien et à répondre aux objections joue ainsi un rôle majeur durant le processus de décision du consommateur.

Intéressons-nous maintenant à l'autre partie de l'interaction commerciale : le consommateur/prospect ou le client[1]. Les recherches en comportement du consommateur présentent son processus de décision étendue en cinq étapes (Engel, Blackwell et Miniard, 1986, initialement présenté en 1968) :

1. l'identification du besoin ;
2. la recherche d'information ;
3. l'évaluation des possibilités ;
4. le choix qui peut conduire à prolonger les étapes antérieures, à l'arrêt du processus ou à l'achat et enfin ;
5. les réactions post-achat.

Les particularités de l'offre immobilière et son impact sur le processus de décision nécessitent d'être soulignés. En effet, un bien immobilier peut être considéré comme un produit partageant des caractéristiques communes avec les services. Soulignons ainsi les trois principales caractéristiques qui complexifient la décision dans le domaine immobilier :

- L'intangibilité. Il n'est ainsi pas possible d'anticiper l'expérience vécue dans un logement et cela ne sera possible qu'au moment où la personne occupera le logement.
- L'implication. Les individus manifestent un fort intérêt dans l'achat d'un bien immobilier ou dans le choix d'une location. Outre l'aspect identitaire du lieu de vie, ceci peut s'expliquer par

1 Il est d'usage de distinguer le *lead* c'est-à-dire le contact commercial qui a manifesté un intérêt pour les produits ou services de l'entreprise (par exemple, en s'abonnant à la newsletter de l'entreprise), le prospect qui désigne un client potentiel pour l'entreprise et le client qui a eu une interaction commerciale avec l'entreprise.

deux raisons : le montant de l'engagement et la durée de l'engagement. La valeur financière (frais directs mais également indirects au travers des besoins d'équipement, de maintenance et d'amélioration de l'habitat) et la durée de l'engagement sont les principales influences qui expliquent cette implication.

- Le caractère collectif du processus. Les logements ne sont généralement pas individuels et la décision d'achat ou de location concerne plusieurs personnes qui interviennent dans le processus de décision. Par exemple, un couple avec des enfants qui souhaite acquérir un logement est influencé directement et indirectement par la présence de ses enfants (avoir un espace pour eux, être à proximité des loisirs ou des écoles, etc.).

Ces éléments viennent complexifier le processus de décision et expliquent le passage par les différentes étapes citées précédemment.

Qu'il s'agisse de la location ou de l'achat, les étapes du processus de décision s'ajustent au contexte de l'immobilier : le prospect consulte des annonces, ce qui est aujourd'hui largement facilité par la digitalisation de l'information immobilière, repère un bien, contacte l'agent immobilier, puis visite le bien. Dans ce processus qui peut se répéter de multiples fois face à l'indécision du prospect, la visite est un moment clé où le client découvre le bien, vérifie qu'il correspond à sa recherche, et peut décider de faire une offre ou de le louer. Cette rencontre entre l'individu et son futur logement dépend en premier lieu des caractéristiques intrinsèques du bien. Elle dépend en second lieu des qualités relationnelles de l'agent immobilier qui peut exercer une influence forte sur cette décision lors de la visite. Pour cela, il dispose de deux leviers : (1) la préparation du bien et (2) sa compétence commerciale.

Ainsi, la visite peut être optimisée par la préparation du bien – de la préparation simple (rangement, nettoyage en profondeur) à la préparation plus poussée avec un recours à des prestations de *home staging*) –, ce qui augmente sensiblement les chances pour que le visiteur soit séduit dès les premiers instants. La visite peut également être optimisée par l'usage d'outils digitaux d'aide à la décision. La digitalisation affecte le parcours client dans ce secteur (Cheminant,

2021b, p. 65), de sorte que l'étape d'évaluation des possibilités, qui se traduit par la visite, peut se faire désormais à distance. Ainsi, lors de la visite d'un bien, la qualité de la relation est essentielle pour créer un lien fort en un laps de temps court.

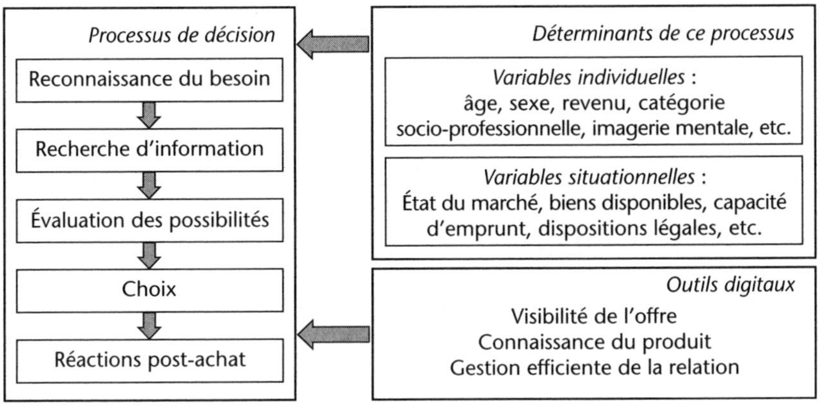

Figure 2.1 – La relation agent immobilier-consommateur digitalisée.

En raison de son caractère crucial pour le processus de décision, la déclinaison virtuelle de la visite est également un élément essentiel qui se répand depuis la crise de la Covid-19. Des avantages aussi bien pour l'agence immobilière que pour le client sont relevés dans la littérature. Ces applications de visites virtuelles proposent des prises de vues à l'aide de vidéos, certaines sont enrichies de système de captation 3D permettant des applications plus complètes comme le *home staging* virtuel. Les visites virtuelles permettent aux futurs acquéreurs de visiter des biens ciblés sans nécessiter le déplacement de l'agent immobilier et de « faciliter le travail des négociateurs en allégeant une grande part des rendez-vous de leur agenda, pour ne se consacrer qu'à des déplacements plus préparés, mieux sélectionnés et *in fine* plus productifs » (Cheminant, 2021b, p. 39).

Pour le client, il s'agit d'expériences immersives permettant de visualiser et visiter en grandeur nature les biens présélectionnés sur le site du professionnel ou en agence (Cheminant, 2021b ; Distler, 2021). Elles constituent ainsi un outil d'aide à la décision pour le consommateur.

Toutefois, à l'image du secteur bancaire, la digitalisation peut être perçue comme un danger pour l'agence immobilière et le rôle du vendeur (Mouillot, 2019). En effet, outre la préparation du bien, les compétences relationnelles et commerciales de l'agent immobilier constituent un facteur clé de la réussite d'une visite et l'intermédiaire est, malgré la digitalisation, indispensable à la poursuite des relations commerciales (Lefebvre, 2015).

Les outils digitaux d'aide à la décision dans l'immobilier et leur impact sur la capacité de projection des consommateurs

Les outils d'aide à la vente ou à l'achat

La digitalisation qui s'articule autour de trois processus numériques que sont la digitalisation des informations de l'entreprise, des canaux d'interaction avec les clients et fournisseurs, des outils de production et d'implémentation des nouvelles technologies (North *et al.*, 2019) a un effet significatif sur l'ensemble des activités économiques et l'immobilier n'y fait pas exception. Ces dernières années ont vu émerger « des outils plus ou moins dématérialisés, interactifs ou purement techniques composant une nouvelle génération d'aides à la vente ou à l'achat (NAVA) » (Beck et Crié, 2015, p. 132).

Le développement de ces outils fait écho aux besoins des consommateurs de réduire la surcharge temporelle et informationnelle durant le processus de décision (Haubl & Trifts, 2000) et aussi de vivre une expérience d'achat plus immersive (Beck & Crié, 2005, Pantano & Corvello, 2010).

Il semble nécessaire à ce stade de définir et d'identifier les fonctions des outils d'aide à l'achat et à la vente que l'on voit se déployer dans les échanges BtoC (Business-to-Consumer). Selon Beck et Crié (2015), les NAVA regroupent des « techniques ou supports pouvant être interactifs, dématérialisés, ubiquitaires, collaboratifs, mis à la disposition du vendeur (NAV) et/ou du client (NAA) dans le but de faciliter le choix et d'enrichir l'expérience client en lui apportant de l'information » (p. 134). Cette recherche s'intéresse plus spécifiquement aux outils de digitalisation mis à la disposition de l'agent immobilier. Ces NAVA prennent des formes variées que Beck et Crié (2015) proposent de regrouper en trois catégories de dispositifs. Les exemples de dispositifs que nous fournissons pour illustrer ces trois catégories sont des dispositifs utilisés par les agents immobiliers dans le cadre de la vente ou de la location d'un logement et pour lesquels nous proposons des exemples issus du secteur de l'immobilier :

- ceux facilitant la mise en relation tels que les sites Internet, les plateformes ou encore les vitrines connectées ;
- ceux conduisant à une relation plus performante, notamment en termes de temps, tels que la gestion électronique des documents, la signature électronique ou encore l'agenda partagé entre collaborateurs d'une agence ;
- ceux s'inscrivant dans l'expérience de consommation tels que la visite en *live* ou à l'aide de la réalité virtuelle ou augmentée, le *home staging* virtuel ou la visite d'un logement à 360°.

Ces dispositifs digitaux permettent d'étayer et d'illustrer les propos des agents immobiliers, ce qui permet *in fine* de rassurer les consommateurs, de leur faire gagner du temps et de mobiliser différents sens de manière isolée ou concomitante, voire de faciliter le paiement.

Cette contribution se propose de se focaliser plus spécifiquement sur les outils d'aide à la décision sur lesquels l'agent immobilier peut s'appuyer lors de l'évaluation des possibilités. C'est durant cette phase que l'agent immobilier devra faire montre d'arguments et utiliser son aptitude à savoir cerner les besoins de son client. C'est également durant cette phase que le consommateur doit pouvoir être en capacité de mobiliser ses aptitudes, à savoir se projeter dans le bien pour envisager d'y vivre, ce qui nécessite une attention particulière de la part des agences immobilières.

De l'importance de la prise en compte de la capacité de projection des consommateurs dans un bien immobilier

S'imaginer vivre dans un appartement ou visualiser les éventuels travaux à réaliser pour se projeter dans la maison de ses rêves sont deux exemples qui portent en eux la notion de projection mentale conceptualisée par la littérature à travers celle d'imagerie mentale. Le concept d'imagerie renvoie à deux aspects distincts, mais complémentaires : le processus d'imagerie et l'*output* que ce dernier engendre, à savoir l'image mentale elle-même (Gavard-Perret & Helme-Guizon, 2003). Il est important d'identifier « les relations essentielles qu'entretient l'image externe, stimulus visuel (tel qu'un dessin ou une photographie), avec l'imagerie mentale reposant, elle, sur des images internes qui sont la reproduction ou représentation mentale d'une perception ou d'une impression antérieure, en l'absence de l'objet (chose, relation, concept, etc.) lui ayant donné naissance. » (Gavard-Perret, 1987, p. 49)

Selon la vision de l'imagerie mentale comme processus, l'image mentale peut donc se définir comme « une représentation mentale d'une ou plusieurs entité(s) conforme(s) (ou non) à la réalité, appartenant à un processus cognitif. L'individu manipule ainsi mentalement l'information extraite de son environnement. » (Gavard-Perret & Helme-Guizon, 2003, p. 61)

Selon Denis (1990), l'imagerie mentale se rapproche d'une expérience sensorielle alors qu'il y a absence des conditions de stimulation réelles. L'intérêt principal de l'imagerie mentale en marketing et plus spécifiquement dans l'immobilier est de permettre d'améliorer la capacité prédictive dans la résolution de problème d'achat ou de consommation pour le consommateur (évaluation d'alternatives, satisfaction, intention d'achat, expériences de consommation) et d'influencer les réponses du consommateur aux stimuli de son environnement (MacInnis & Price, 1987). Ainsi, en s'appuyant sur une étude expérimentale menée auprès d'un échantillon représentatif de 836 individus, Abaidi *et al.* (2020) montrent que l'imagerie mentale réduit la perception de l'intangibilité et que la valeur perçue des offres innovantes est déterminée par l'imagerie mentale de soi et l'intangibilité perçue.

L'imagerie mentale peut être de plusieurs natures (visuelle, auditive, olfactive, tactile, etc.), mais les images visuelles sont plus fortement associées à cette notion.

Des auteurs mettent l'accent sur le processus, à la manière de MacInnis et Price (1987) pour lesquels l'imagerie est « un processus par lequel l'information sensorielle est représentée en mémoire de travail »[1](p. 473). D'autres, comme Holt (1964), se préoccupent davantage du résultat : l'imagerie est alors « une représentation subjective faible d'une sensation ou d'une perception sans apport sensoriel adéquat »[2] (p. 255).

En outre, les images mentales constituent une catégorie particulière de représentations mentales, parfois dénommées « représentations analogiques », dans la mesure où elles possèdent la propriété de conserver les caractéristiques spatiales et structurales des objets ou situations auxquelles elles se réfèrent. Les entités psychologiques que constituent les images mentales sont ainsi de nature à tenir compte et à reproduire les contraintes du monde physique.

1 « *(1) a process (not a structure) by which (2) sensory information is represented in working memory* ».

2 « *a faint subjective representation of a sensation or perception without an adequate sensory input* ».

Peu de recherches sont menées, à ce jour et à notre connaissance, sur l'impact de la digitalisation sur l'expérience client dans le secteur de l'immobilier et plus spécifiquement dans l'aide au choix. Néanmoins, une recherche fait exception et mérite d'en souligner les principaux résultats. S'appuyant sur l'étude de 3 658 petites annonces immobilières, Larceneux, Bezançon & Lefebvre (2018) étudient le rôle de l'image dans cette annonce. Ils mettent en exergue un effet de « révélation asymétrique ». En effet, si la présence de photographies reste sans effets pour un bien de gamme supérieure, leur recherche démontre que l'augmentation du nombre de photographies diminue les réponses comportementales favorables pour un bien de gamme inferieure.

Pour clarifier le point de vue des consommateurs sur ces dispositifs digitaux et leur capacité projective, une étude quantitative a été menée. Il s'agit d'un questionnaire administré en ligne auprès de 87 consommateurs français. L'encadré ci-après résume les principaux choix méthodologiques.

Principaux choix méthodologiques

Structure du questionnaire

Le questionnaire est structuré en trois parties. Tout d'abord, un scénario est présenté à l'aide d'un texte. Celui-ci indique que le consommateur souhaite trouver un logement temporaire (par exemple, pour un stage ou une formation). Étant dans l'impossibilité de visiter physiquement l'appartement, l'agent immobilier propose trois solutions : un jeu de photographies, une vidéo de présentation du bien réalisée par un professionnel et une visite en *live*. Voici le scénario :

Vous êtes à la recherche d'un logement pour une courte durée (par exemple, pour un stage ou une formation) dans une grande ville où le marché de l'immobilier est très tendu. Vous n'avez pas l'intention de quitter la région que vous habitez actuellement. C'est donc bien un logement provisoire que vous recherchez.

• • •

• • •

Un agent immobilier vous propose de visiter un appartement qui répondrait à tous vos critères (superficie, localisation, niveau d'équipement, etc.) pour que vous puissiez le louer. Néanmoins, vos contraintes ne vous permettent pas de vous rendre « physiquement » à cette visite. L'agent vous propose les solutions suivantes :

- *une série de photographies ;*
- *une vidéo de l'appartement réalisée par un professionnel ;*
- *une vidéo visite* live *(l'agent immobilier vous fait visiter en direct l'appartement).*

Dans un deuxième temps, la perception de chacun des dispositifs et leurs impacts sur la gestion de la relation appréhendée à l'aide de l'attitude envers le dispositif et de l'intention de louer ce logement sont évalués. Dans un dernier temps, les caractéristiques individuelles que sont l'imagerie mentale et le besoin de recherche d'information ainsi que les caractéristiques socio-démographiques (genre, âge, profession, lieu de vie, locataire *versus* propriétaire) sont demandées.

Précautions méthodologiques pour s'assurer de la lecture du scénario

Pour s'assurer de la bonne compréhension du scénario, plusieurs précautions ont été prises. Le temps d'exposition au scénario a été fixé *a minima* à 20 secondes. Ce temps a été estimé à partir d'une dizaine de lectures faites par des individus. Une question sollicite les répondants pour savoir s'ils ont eu le temps de lire l'ensemble du texte et s'ils souhaitent le consulter à nouveau. Une question ouverte facultative a été insérée pour recueillir les propos spontanés des répondants. Enfin, une question (« dans le scénario proposé, qui vous propose de vous projeter dans le logement ? » trois propositions de réponse étaient formulées : l'agent immobilier, le locataire du logement, le propriétaire du logement) s'assure de la bonne compréhension du scénario. Les personnes n'ayant pas répondu correctement à cette question étaient exclues de l'étude.

Finalement, la crédibilité du scénario est mesurée à l'aide des deux items suivants : « *ce scénario me paraît crédible* » et « *ce scénario me paraît tout à fait réaliste* ». Les moyennes de ces deux items pour les trois dispositifs sont respectivement de : 5,132 pour les photographies, 5,350 pour la vidéo de présentation réalisée par un professionnel et 5,712 pour

• • •

la visite en *live*. Globalement, les scénarios apparaissent crédibles et permettent de poursuivre l'analyse.

Échelles de mesures et pré-test

Les échelles de mesure sont pour la plupart issues de la littérature et présentées au format Likert en 7 points. Elles ont fait l'objet d'une adaptation au contexte de la recherche : la location dans le domaine immobilier. Les perceptions du dispositif proposé sont appréciées à travers les quatre adjectifs suivants : utile, habituel, innovant, nécessaire. L'attitude envers le dispositif et l'intention d'achat sont mesurées par des échelles reconnues dans la littérature (Broniarcyzk & Alba, 1993)[1]. L'imagerie mentale a été adaptée des travaux de Lao (2013) et celle de la recherche d'information des travaux d'Amine (1993). Pré-testé auprès de professionnels du marketing et de consommateurs, le questionnaire a été administré en ligne en mars 2024.

Description de l'échantillon

L'échantillon est composé de 87 consommateurs répartis entre 24,1 % d'hommes, de 72,4 % de femmes et de 3,4 % ne souhaitant pas se prononcer. L'âge moyen est de 27 ans. Même si cet échantillon n'est pas représentatif de la population française, il est à noter que l'exercice demandé aux répondants (louer un logement temporaire) est adapté à la cible et notamment à cette tranche d'âge détenant moins de patrimoine immobilier que les personnes plus âgées[2].

Les répondants sont locataires (49 répondants) et propriétaires (16 répondants), logés à titre gracieux (22 répondants) et déclarent vivre dans un environnement urbain (63 répondants) ou rural (24 répondants). L'échantillon est également varié aux regards des différentes professions représentées (ouvriers, cadres, professions intermédiaires, étudiants, etc.)

Préalablement aux analyses statistiques, les qualités psychométriques des échelles de mesure ont été appréciées, notamment en

1 Deux items (« j'apprécie ce dispositif » et « j'ai une attitude positive à l'égard de ce dispositif ») permettent d'apprécier l'attitude envers le dispositif. L'intention de louer l'appartement est mesurée à l'aide des deux items suivants : « je louerai ce logement après avoir vu… » et « j'ai l'intention de louer ce logement après avoir vu… ».

2 *https://fr.statista.com/statistiques/481847/patrimoine-immobilier-detention-age-menages-francais/*

ce qui concerne l'attitude à l'égard des trois dispositifs (les photographies, la vidéo de présentation et la visite en *live*), l'intention de louer le logement proposé, le réalisme du scénario, l'imagerie mentale et le besoin de recherche d'information.

Les analyses statistiques effectuées permettent de conclure à l'unidimensionnalité des échelles de mesure de l'attitude envers le dispositif, l'intention d'achat et l'imagerie mentale ainsi qu'à la multidimensionnalité de l'échelle mesurant la recherche d'information (six dimensions).

Tableau 2.2 – Dimensions de l'échelle du besoin de recherche d'information – Résultat de l'analyse en composante principale.

Items	1*	2	3	4	5	6
1. J'estime que je dispose de connaissances solides sur le domaine immobilier.	0,707	-0,173	0,332	0,256	0,029	-0,193
2. Je pourrais donner des conseils concernant l'achat d'un bien immobilier, si on me le demandait.	0,625	-0,004	0,314	-0,197	0,211	-0,373
3. Je crois pouvoir aider ceux qui le souhaiteraient à acheter un « bon » bien immobilier.	0,741	-0,141	0,346	-0,133	0,221	0,059
4. Je pense disposer d'une grande expérience en matière d'achat de biens immobiliers.	0,642	-0,271	0,357	0,176	-0,045	-0,213
5. Je n'hésiterai pas à consacrer le temps qu'il faut à l'achat d'un bien immobilier.	-0,201	0,185	0,400	0,489	0,443	0,261
6. J'estime que l'achat d'un bien immobilier ne mérite pas un effort de recherche important.	0,289	-0,306	0,171	-0,202	0,109	0,612
7. Si j'ai à choisir un bien immobilier, j'aimerais y consacrer le temps et l'énergie nécessaires.	-0,368	0,188	0,172	0,503	0,496	0,162
9. Pour l'achat d'un bien immobilier, je demanderai bien l'avis de mes proches.	-0,059	0,600	-0,002	-0,458	0,333	-0,191
10. J'estime qu'il est inutile de demander conseil à son entourage avant d'acheter un bien immobilier.	0,236	-0,316	0,281	0,369	-0,478	0,106

Items	1*	2	3	4	5	6
11. Personnellement, je tiendrai compte de l'avis de mes amis pour le choix d'un bien immobilier.	-0,010	0,523	0,450	-0,352	0,031	-0,159
13. Avant d'acheter un bien immobilier, j'examinerai attentivement les informations fournies par les agents immobiliers.	-0,379	0,327	0,150	0,437	0,109	-0,417
14. Je demanderai bien conseil auprès d'un vendeur avant d'acheter un bien immobilier.	-0,249	0,488	0,532	-0,178	-0,379	0,116
15. Je n'hésiterai pas à demander l'assistance d'un vendeur pour choisir un bien immobilier.	-0,271	0,511	0,585	-0,073	-0,295	0,223
16. En général, dans mon groupe d'amis, je suis le premier à acheter des nouveaux produits ou services lorsque ça apparaît.	0,709	0,458	-0,114	0,133	-0,022	0,202
17. Si j'apprends que de nouveaux produits ou services sont disponibles sur le marché, je serai assez intéressé(e) d'aller les acheter.	0,292	0,611	-0,125	0,088	-0,086	0,209
18. Par rapport à mes amis, je possède moins de nouveaux produits.	-0,391	-0,591	0,309	-0,163	-0,098	0,016
19. En général, je suis le dernier dans mon entourage à connaître les nouveautés en termes de produits ou services.	-0,215	-0,473	0,247	-0,379	0,456	0,174
21. J'aime acheter des nouveaux produits ou services avant les autres.	-0,010	0,431	-0,405	-0,019	0,086	0,216

*Intitulé des dimensions : 1. Besoin de recherche de nouveaux produits ; 2. Expérience et connaissance en immobilier ; 3. Besoin de conseil auprès des agents immobiliers et besoin d'examiner le bien ; 4 Besoin d'obtenir l'avis des proches ; 5. Besoin de consacrer de l'énergie et du temps pour la recherche ; 6. Pas d'envie de faire un effort de recherche d'information.

Principaux enseignements de l'étude menée auprès des consommateurs

Les résultats sont structurés en trois parties. Tout d'abord, nous présentons la perception des trois dispositifs utilisés. Deuxièmement, les conséquences de l'usage de ces outils sont étudiées : l'impact sur l'attitude envers ce dispositif et sur l'intention de louer l'appartement.

Troisièmement, l'influence des caractéristiques individuelles que sont la recherche d'information et l'imagerie mentale est analysée.

Le tableau 2.3 décrit les perceptions des trois dispositifs utilisés et présente les moyennes et écarts-types. Ainsi, les répondants évaluent les photographies comme un dispositif habituel (note de 5,41 sur 7 avec un écart-type de 1,451).

Tableau 2.3 – Perceptions des différents dispositifs proposés.

Moyenne (écart type)	Scénario 1 Photographies	Scénario 2 Vidéo	Scénario 3 Visite en *live*
Habituel	5,41 (1,451)	4,34 (1,516)	3,91 (1,640)
Innovant	3,01 (1,708)	4,80 (1,445)	5,45 (1,546)
Nécessaire	5,52 (1,470)	5,22 (1,418)	5,59 (1,419)
Utile	5,11 (1,418)	5,66 (1,180)	6,08 (1,048)

Les trois dispositifs sont perçus de manière différente. Outre les scores présentés dans le tableau 2.3, des tests de différence de moyenne ont permis d'apprécier les différences significatives entre les dispositifs. Globalement, les photographies apparaissent habituelles, utiles et nécessaires, mais peu innovantes. La vidéo présentée par un professionnel est jugée nécessaire et utile, mais apparaît dans une moindre mesure innovante et habituelle. La visite en *live* est le dispositif qui apparaît le plus utile, le plus nécessaire, le plus innovant, mais n'est pas jugé habituel. Ceci est conforme aux pratiques managériales observées, la visite en *live* reste encore moins fréquente chez les agents immobiliers.

Pour le caractère habituel, les trois dispositifs présentent une différence de moyenne significative. De manière non surprenante, les photographies associées à une offre immobilière apparaissent comme un procédé habituel, la visite en *live* est perçue comme un procédé moins habituel.

Pour le caractère innovant, les différences de moyenne permettent de classer les dispositifs par ordre croissant d'innovativité de la manière suivante : les photographies, la vidéo de présentation et la visite en *live*.

Pour le caractère utile, les différences de moyenne permettent d'aboutir au classement suivant : les photographies, la vidéo de présentation et la visite en *live*.

En revanche, confirmant l'importance de la projection dans le processus de prise de décision des répondants, les trois dispositifs apparaissent nécessaires et ne présentent pas de différences significatives.

Dans un deuxième temps, il est intéressant de se poser la question de l'impact de ces dispositifs sur la réponse du consommateur appréhendée en termes d'attitude envers le dispositif et d'intention de louer l'appartement. Le tableau 2.4 donne des indications en ce sens.

Tableau 2.4 – Impact des trois dispositifs sur l'attitude à l'égard du dispositif et l'intention de louer l'appartement.

Moyenne (écart type)	Scénario 1 Photographies	Scénario 2 Vidéo	Scénario 3 Visite en *live*
Attitude envers le dispositif	4,626 (1,512)	5,327 (1,391)	5,862 (1,359)
Intention de louer l'appartement	3,218 (1,322)	3,954 (1,582)	4,597 (1,611)

L'attitude envers les trois dispositifs proposés est significativement différente. L'attitude positive envers les photographies est moins forte que l'attitude envers la présentation par vidéo réalisée par un professionnel, qui est elle-même moins forte que l'attitude envers la visite en *live*. Ce résultat est une incitation pour les agences immobilières à adopter des dispositifs digitaux ; voire à les utiliser de façon conjointe.

Pour ce qui est de l'impact des dispositifs digitaux sur l'intention de louer l'appartement, on constate une différence significative dans l'intention de louer en fonction des dispositifs. L'intention de louer l'appartement en ayant consulté au préalable des photographies est moins forte que lorsque la personne visionne une vidéo et cette situation entraîne une moins forte intention de louer l'appartement lorsque la personne a visité l'appartement avec une vidéo *live*. La visite en vidéo *live* suscite ainsi une plus forte intention de louer l'appartement que les deux autres dispositifs.

Enfin, du point de vue de l'impact du type de dispositifs d'aide à la décision sur la capacité du client à se projeter mentalement dans l'appartement, nous constatons des différences significatives (tableau 2.5).

Tableau 2.5 – La projection visuelle du consommateur (appréhendée en termes d'imagerie mentale) selon les trois dispositifs.

Moyenne (écart type)	Scénario 1 Photographies	Scénario 2 Vidéo	Scénario 3 Visite en *live*
Imagerie mentale	4,831 (1,411)	5,183 (1,253)	5,639 (1,203)

Le client arrive mieux et plus facilement à s'imaginer habiter l'appartement lorsque l'agent immobilier mobilise la visite en *live* plutôt qu'une vidéo réalisée par un professionnel qui elle-même suscite plus d'imagerie mentale que les photographies. Nous pouvons en conclure que l'imagerie mentale est davantage stimulée par la visite en *live* que par des dispositifs plus classiquement utilisés par les agences immobilières (photographies, vidéos réalisées par un professionnel), ce qui plaide pour une généralisation de ce dispositif, notamment quand la visite présentielle n'est pas possible.

Cette étude exploratoire complète et nuance les résultats proposés par Larceneux *et al.* (2018) en montrant l'effet positif de l'usage de dispositifs innovants d'aide à la décision permettant la visualisation, dans le contexte de cette étude, la location d'un appartement.

En ce qui concerne l'influence du besoin de recherche d'information sur l'imagerie mentale, l'attitude à l'égard des dispositifs et l'intention de louer un appartement, les résultats diffèrent en fonction du type de dispositif (tableaux 2.6, 2.7 et 2.8).

Pour ce qui est de l'usage de photographies durant la phase de recherche d'information (tableau 2.6), plus le client ressent le besoin de ne pas faire d'efforts pour rechercher de l'information, plus sa capacité à se projeter mentalement dans le logement et son attitude à l'égard de l'usage de photographies pour l'aider à prendre une décision sont positifs.

Tableau 2.6 – Les dimensions du besoin de recherche d'information et leur impact sur les réponses des consommateurs exposés à des photographies (coefficients standardisés des régressions linéaires).

Présentation de photographies	Capacité de projection mentale dans l'appartement suite à la présentation des photographies (imagerie mentale)	Attitude à l'égard de la photographie	Intention de louer un appartement suite à la présentation des photos
Besoin de recherche de nouveaux produits	n.s	n.s	n.s
Expérience et connaissance en immobilier	n.s	n.s	n.s
Besoin de conseil auprès d'agents immobiliers et besoin d'examiner le bien	0,304**	n.s	0,223**
Besoin d'obtenir l'avis des proches	n.s	n.s	n.s
Besoin de consacrer de l'énergie et du temps pour la recherche	n.s	n.s	n.s
Pas d'envie de faire un effort de recherche d'information	0,332**	0,268**	n.s

n.s : non significatif ; * significatif à $p < 0,010$; ** significatif à $p < 0,005$; *** significatif à $p < 0,001$.

Par ailleurs, plus le client potentiel a besoin des conseils d'un agent immobilier, plus cela aura un impact positif sur sa capacité à se projeter vivre dans l'appartement et plus son intention de louer un appartement sera forte lorsque les photographies ont été utilisées pour présenter le bien. Le besoin de conseil auprès d'un agent immobilier et le fait de ne pas souhaiter faire d'effort pour rechercher de l'information expliquent ainsi une plus grande capacité de projection visuelle du client potentiel grâce aux photographies.

Dans le contexte de la diffusion d'une vidéo présentant l'appartement réalisée par un professionnel, le besoin de nouveautés et le besoin de conseil auprès d'un agent immobilier expliquent une plus grande capacité du client potentiel à se projeter visuellement dans l'appartement. Le besoin de rechercher de nouveaux produits explique par ailleurs une attitude plus positive à l'égard de la vidéo ainsi qu'une intention plus forte à souhaiter louer l'appartement lorsque la vidéo a été visionnée (tableau 2.7).

Tableau 2.7 – Les dimensions du besoin de recherche d'information et leur impact sur les réponses des consommateurs exposés à une vidéo présentant l'appartement (coefficients standardisés des régressions linéaires).

Présentation de vidéo	Capacité de projection mentale dans l'appartement suite au visionnage de la vidéo (imagerie mentale)	Attitude à l'égard de la vidéo	Intention de louer un appartement suite au visionnage de la vidéo
Besoin de recherche de nouveaux produits	0,280**	0,237**	0,218*
Expérience et connaissance en immobilier	n.s	n.s	n.s
Besoin de conseil auprès d'agents immobiliers et besoin d'examiner le bien	0,400***	n.s	n.s

Présentation de vidéo	Capacité de projection mentale dans l'appartement suite au visionnage de la vidéo (imagerie mentale)	Attitude à l'égard de la vidéo	Intention de louer un appartement suite au visionnage de la vidéo
Besoin d'obtenir l'avis des proches	n.s	n.s	n.s
Besoin de consacrer de l'énergie et du temps pour la recherche	n.s	n.s	n.s
Pas d'envie de faire un effort de recherche d'information	n.s	n.s	n.s

n.s : non significatif ; * significatif à $p < 0,010$; ** significatif à $p < 0,005$; *** significatif à $p < 0,001$.

Enfin, dans le contexte de la réalisation d'une visite en *live* par l'agent immobilier, le besoin de conseil auprès d'un agent immobilier explique une plus grande imagerie mentale de la part du client potentiel (tableau 2.8). Dit autrement, le besoin de conseil dans le cadre de la recherche d'un appartement a un impact positif sur la capacité du client à se projeter dans l'appartement lorsque l'agent immobilier réalise une visite en *live* pour présenter l'appartement. Par ailleurs, le fait que le client souhaite ne pas consacrer trop d'efforts pour rechercher des informations sur le logement a une influence positive sur son attitude à l'égard de la vidéo *live* réalisée par le professionnel pour présenter le bien au client potentiel.

Tableau 2.8 – Les dimensions du besoin de recherche d'information et leur impact sur les réponses des consommateurs exposés à une vidéo présentant l'appartement (coefficients standardisés des régressions linéaires).

Réalisation d'une visite en vidéo *live*	Capacité de projection mentale dans l'appartement grâce à la visite en vidéo *live* (imagerie mentale)	Attitude à l'égard de la visite en vidéo *live*	Intention de louer un appartement suite à la visite en vidéo *live*
Besoin de recherche de nouveaux produits	n.s.	n.s.	n.s.
Expérience et connaissance en immobilier	n.s.	n.s.	n.s.
Besoin de conseil auprès d'agents immobiliers et besoin d'examiner le bien	0,290**	n.s.	n.s.
Besoin d'obtenir l'avis des proches	n.s.	n.s.	n.s.
Besoin de consacrer de l'énergie et du temps pour la recherche	n.s.	n.s.	n.s.
Pas d'envie de faire un effort de recherche d'information	n.s.	0,263**	n.s.

n.s : non significatif ; * significatif à $p < 0{,}010$; ** significatif à $p < 0{,}005$; *** significatif à $p < 0{,}001$.

Conclusion

Considérant l'impact de la digitalisation sur les activités économiques et plus particulièrement immobilières, cette contribution s'est intéressée aux dispositifs digitaux comme outils d'aide à la vente pour les consommateurs. Elle conclut à la diversité de ceux-ci : ils visent à améliorer la visibilité des offres et la diffusion des informations entre les différents acteurs ; ils contribuent à transformer les prospects en clients et ils fluidifient la gestion de la relation client. Cette contribution a exploré une situation particulière : la location d'un logement temporaire. L'étude quantitative exploratoire reposant sur l'avis de 87 individus permet de conclure que la représentation du bien sous forme d'une visite en *live* est perçue comme un dispositif utile, nécessaire et innovant bien qu'inhabituel. De plus, l'attitude envers le dispositif et l'intention de louer le bien est plus positive que sous la forme de photographies ou d'une vidéo réalisée par un professionnel. Si les photographies sont perçues comme habituelles et peu innovantes, la visite en *live* apparaît plus innovante.

La piste d'explication proposée par cette contribution repose sur la capacité de projection offerte par les dispositifs digitaux et le besoin de recherche d'information. Les enseignements des tableaux 2.6, 2.7 et 2.8 sont les suivants :

- Lorsque le consommateur se voit proposer des photographies, l'attitude envers le dispositif est expliquée par l'envie de ne pas rechercher d'information de la part du consommateur. L'intention de louer l'appartement et l'imagerie mentale dépendent d'un besoin de conseil auprès de l'agent immobilier dans le cas où le client potentiel se voit proposer des photographies pour présenter l'appartement. Dans ce premier cas de figure, l'agent immobilier joue un rôle crucial en apportant informations et conseils.
- Lorsque le consommateur se voit proposer une vidéo de présentation du logement, le besoin de recherche de nouveaux produits explique une plus forte capacité de projection visuelle du client dans le logement, une attitude positive à l'égard de la vidéo ainsi qu'une intention plus forte de louer l'appartement. Le besoin d'obtenir des conseils est également un élément crucial favorisant la capacité du client à se projeter dans le logement. Dans ce deuxième cas de figure, même si la vidéo est une aide précieuse dans le processus de choix, l'agent immobilier doit jouer un rôle de conseils.

- Enfin, pour ce qui est de la visite virtuelle réalisée par l'agent immobilier en *live* vidéo, la capacité à se projeter dans le logement est expliquée par un besoin de conseil tandis que l'attitude à l'égard de la visite virtuelle est expliquée par le besoin de ne pas souhaiter faire d'efforts pour rechercher des informations sur un bien, ce qui semble cohérent puisque le dispositif permet de se faire une idée plus précise du logement en comparaison à une vidéo standardisée ainsi qu'à des photographies. Ce dispositif est particulièrement apprécié par les individus souhaitant faire peu d'efforts. Néanmoins, les conseils formulés par l'agent immobilier permettront aux consommateurs de mieux se projeter.

Nos résultats sont congruents avec les travaux de Larceneux, Lefebvre & Simon (2015) qui montrent que les consommateurs ont recours à un agent immobilier en raison de la facilitation sociale et du soutien psychologique qu'il apporte. Cette contribution laisse apparaître en filigrane des éléments de réflexion qu'il serait nécessaire de creuser. Tout d'abord, malgré une acceptabilité forte de la visite en *live*, le besoin de recherche d'information souligne le rôle crucial joué par le vendeur, notamment dans la phase d'évaluation des possibilités lorsqu'il peut formuler des questions. À ce stade, il apparaît intéressant de creuser l'acceptabilité et l'acceptation des outils digitaux au sein de la population. Sans doute serait-il possible de disposer les consommateurs le long d'un continuum entre résistance et enthousiasme en creusant la nature de la simulation d'imagerie orientée vers le résultat ou vers le processus à l'image des travaux réalisés sur les produits innovants par Jeannot & Jolibert (2013) ? Pour permettre de construire une connaissance plus complète sur l'impact des nouveaux outils d'aide à la vente sur la gestion de la relation client, cette étude devrait être répliquée en tenant compte de la diversité des situations immobilières (location saisonnière, location, location professionnelle, premier achat, achat sur plan, investissement immobilier, etc.) et de la diversité des dispositifs digitaux (visite en *live*, en réalité augmentée, application mobile, présentation bénéficiant ou non de *home staging*). De plus, même si des précautions méthodologiques ont été prises pour s'assurer que le scénario a été bien construit, une recherche en situation réelle mériterait d'être menée et une approche comparée pré-usage et post-usage serait nécessairement riche d'enseignements. En effet, certaines technologies restent encore à un stade de développement confidentiel : peu d'individus ont téléchargé et utilisé des applications permettant d'apprécier les performances énergétiques ou lumineuses d'un logement. De même, peu ont encore eu l'occasion d'acquérir ou de louer un bien à la suite d'une visite assistée par des dispositifs digitaux. Un usage effectif de ces technologies devrait permettre aux individus de mieux se projeter pour construire leurs appréciations.

Malgré ses apports, cette recherche mériterait d'être approfondie selon trois principales pistes. Tout d'abord, cette problématique a été traitée du point de vue marketing. Néanmoins, une attention plus particulière sur les aspects stratégiques (notamment, l'émergence de nouveaux modèles d'affaires ou la remise en question des modèles actuels), organisationnels et humains devrait être menée. En effet, comme souligné rapidement dans la contribution, ces dispositifs digitaux peuvent soulever des réticences de la part des consommateurs mais également des résistances de la part des employés ou des agents immobiliers voyant dans ces dispositifs les prémices de la disparition de leur emploi. Les recherches en marketing des services ont souligné, par ailleurs, l'importance de la notion de symétrie des attentions : le management interne est perçu par le personnel « en frontière » (qui correspond au personnel exerçant des activités de vente) qui adopte en retour des comportements pro-sociaux perçus favorablement par les clients. Ainsi, porter attention aux conditions de travail et au bien-être des employés permet indirectement de porter attention aux consommateurs.

Deuxièmement, la révolution digitale n'est encore qu'à une phase embryonnaire. En quelques mois, l'intelligence artificielle a modifié en profondeur de nombreuses activités économiques et de nouveaux objets connectés ne cessent d'apparaître. Appréhender ces évolutions qui peuvent être considérées comme disruptives constitue un challenge d'avenir.

Troisièmement, le dérèglement climatique pose indubitablement la question de la consommation d'énergie et de l'évolution des activités pour combiner enjeux économiques, environnementaux et sociaux[1]. Si les dispositifs digitaux apportent des éléments de réponse en mettant à disposition des acteurs des informations utiles en temps réel (suivi des coûts d'exploitation, optimisation des ressources, etc.), les questions éthiques autour du respect de la vie privée et des arbitrages nécessaires pour considérer la durabilité restent posées.

Bibliographie

Abaidi, I., Agrebi, S., Ben Nasr, I., & Cottet, P. (2020). L'imagerie mentale : un levier de valorisation d'une offre intangible ? *Recherche et Applications en Marketing*, 35(3) : 86-108.

Amine, A. (1993). La recherche d'information par le consommateur : proposition d'une échelle de mesure. *Recherche et Applications en Marketing*, 8(1) : 97-112.

Beck, M., & Crié, D. (2015). Les nouvelles aides à la vente et à l'achat : définition, état de l'art et proposition d'une taxinomie. *Décisions marketing*, 79: 131-150.

Bendjaballah, M. (2023). La rencontre de service triadique client/instrument technologique/vendeur : le rôle et l'effet de l'instrument technologique comme moyen d'action et médiateur des interactions sociales vendeur/client. Thèse Université de Lorraine.

Berry, L.L. (1995). Relationship Marketing of Services: Growing Interest, Emerging Perspectives. *Journal of the Academy of Marketing Science*, 23(4): 149-170.

Berry, L.L. (2002). Relationship Marketing of Services Perspectives from 1983 and 2000. *Journal of Relationship Marketing*, 1(1): 59-77.

Broniarczyk, S.M., & Alba, J.W. (1993). The Importance of the Brand in Brand Extension. *Journal of Marketing Research*, 31: 214-228.

Cheminant, T. (2021a). Éléments de contexte sur les métiers de l'immobilier. Dans : Fana Rasolofo-Distler éd., *Management et innovation dans l'immobilier : Les défis à relever d'un secteur en mutation*, 9-17. Paris, Dunod.

1 L'impact de la digitalisation sur l'immobilier durable : analyse et recommandations (immo-durable.blog)

Cheminant, T. (2021b). Chapitre 1. La digitalisation des métiers de l'immobilier. Dans : Fana Rasolofo-Distler éd., *Management et innovation dans l'immobilier : Les défis à relever d'un secteur en mutation,* 19-60. Paris, Dunod.

Cheminant, T., Distler, F., Rasolofo-Distler, F., Henry, G. & Birnbaum, C. (2021). Chapitre 6. Piloter une agence immobilière. Dans : Fana Rasolofo-Distler éd., *Management et innovation dans l'immobilier : Les défis à relever d'un secteur en mutation,* 203-239. Paris, Dunod.

Coreynen, W., Matthyssens, P. & Van Bockhaven, W. (2017). Boosting servitization through digitization: Pathways and dynamic resource configurations for manufacturers. *Industrial Marketing Management,* 60: 42-5.

Denis, M. (1990). *Image et cognition.* Paris, PUF, Collection Psychologie d'aujourd'hui.

Distler, F. (2021). Chapitre 2. Expérience client dans le secteur de l'immobilier : les outils digitaux comme vecteurs de la fabrique de l'expertise. Dans : Fana Rasolofo-Distler éd., *Management et innovation dans l'immobilier. Les défis à relever d'un secteur en mutation.* Paris, Dunod, 61-105.

Distler, F. (2023). Quand le client est un expert : place et rôle de l'agent immobilier. *Projectics/Proyéctica/Projectique HS,* 89-105.

Engel, J.F., Blackwell, R.D., & Miniard, P.W. (1986). *Consumer Behavior* (5th ed.). Dryden Press.

Franck, R., & Dampérat, M. (2022). Influence des technologies d'aide à la vente sur les performances du commercial : étude des médiateurs interpersonnels et intrapersonnels. *Recherche et Applications en Marketing,* 37(4) : 63-92.

Gardès, N. (2019). Digitalisation du secteur immobilier : la proposition de valeur phygitale au cœur de la performance. *La Revue des Sciences de Gestion,* 5-6 : 133-146.

Gavard-Perret, M.L. (1987). L'image : supériorité et limites. Relations avec l'imagerie mentale et le langage verbal. *Recherche et Applications en Marketing,* 11(2) : 49-80.

Gavard-Perret, M.L. & Helme-Guizon, A. (2003). L'imagerie mentale : un concept à (re) découvrir pour ses apports en marketing. *Recherche et Applications en Marketing,* 18(4) : 59-79.

Holt, R.R. (1964). Imagery: the return of the ostracized. *American Psychologist,* 19(4) : 254-264.

Jeannot, F., & Jolibert, A. (2013). La distance *temporelle,* la simulation mentale et le processus d'adoption d'innovations technologiques complexes. *Recherche et Applications en Marketing,* 28(1) : 70-91.

Lao, A. (2013). L'imagerie mentale et ses déterminants comme facteurs de réponses émotionnelles et comportementales du consommateur : une analyse en situation d'achat en ligne. *Recherche et Applications en Marketing,* 28(3) : 60-83.

Larceneux, F., Bezançon, M. & Lefebvre, T. (2018). L'effet de « révélation asymétrique » : Influence de l'augmentation du nombre de photos sur l'imagerie mentale et les réponses comportementales selon le niveau de gamme. *Recherche et Applications en Marketing*, 33(3) : 34-64.

Larceneux, F., Lefebvre, T. & Simon, A. (2014). La perspective des coûts de transaction : une explication de l'intermédiation immobilière, *Revue d'Économie Régionale et Urbaine*, 3 (octobre) : 499-520.

Larceneux, F. & Parent, H. (2018). Chapitre 3. Le marketing des agents immobiliers. Dans : F. Larceneux & H. Parent (Dir), *Marketing de l'immobilier*, 129-190. Paris, Dunod.

Larceneux, F., Lefebvre, T. & Simon, A. (2015). What added value of estate agents compared to FSBO transactions? Explanation from a perceived advantages model. *Journal of Housing Economics*, 29, 72-82.

Lefebvre, T. (2015). Une nouvelle ère pour l'intermédiation en immobilier résidentiel : fondements, digitalisation et limites. Diss. Université Paris Dauphine-Paris IX, 2015.

MacInnis, D.J., & Price, L.L. (1987). The role of imagery in information processing: review and extensions. *Journal of Consumer Research,* 13(4), 473-491.

Mouillot, P. (2019). La relation client à l'heure du numérique : le cas du marketing bancaire. *Revue Management et Avenir*, 2 : 63-82.

North, K., Aramburu, N., & Lorenzo O.J. (2019). Promoting digitally enabled growth in SMEs: a framework proposal. *Journal of Enterprise Information Management*, 33(1): 238-262.

Pantano E., & Corvello V. (2010). Digital contents management for improving consumers' experience. *International Journal of Digital Content Technology and its Applications*, 4(7): 8-10.

Racat, M., & Capelli, C. (2014). Le test virtuel des produits influence-t-il la décision d'achat en ligne ? *Revue Française du Marketing*, 250.

Siadou-Martin, B. (2018). Digitalisation et gestion de la relation client : quelles voies de progrès pour les acteurs du secteur de l'immobilier ? *Manager l'immobilier dans la complexité*, (dir.) Fana Rasolofo-Distler, PUN – Édition universitaire de Lorraine, p. 57-77.

Chapitre 3

Expérience client et agences immobilières digitales

Par Thierry Cheminant

Le secteur de l'immobilier est touché par le phénomène de digitalisation depuis le début du XXIe siècle, notamment en France. Depuis lors, l'innovation digitale influence durablement l'activité de ce secteur et se pose la question de l'appropriation de ces nouvelles technologies par les acteurs, qu'ils soient professionnels ou consommateurs/clients.

Après avoir pu démontrer que la digitalisation est un accélérateur de la diffusion de compétences nouvelles et actionnables par les acteurs de terrain (Cheminant *et al.*, 2021), il nous paraît intéressant ici d'aborder son impact sur l'expérience client, et notamment dans la forme la plus aboutie de la digitalisation de l'immobilier : l'agence immobilière 100 % digitale.

Le concept de l'agence digitale, parfois aussi appelée « non vitrée », en rapport avec l'agence classique disposant d'un emplacement et d'une vitrine « physique », est né dans les années 2010. À ce titre, jusqu'à une période pas si ancienne, nombreux sont ceux à la FNAIM[1] qui s'opposaient à ce modèle du non vitré et en étaient de fervents pourfendeurs, réduisant à l'époque les agences « non vitrées » aux fameux réseaux de mandataires indépendants, de type IAD ou Capi Optimhome, pour ne citer que les plus connus. Désormais, ce n'est plus le cas, car les modèles et les pratiques ont évolué. Ainsi, on ne compte plus les plus fervents syndicalistes à la tête de modèle d'entreprises immobilières très largement digitalisées, pour ne pas dire plus. De même, il apparaît qu'aujourd'hui les nouveaux adhérents à la FNAIM sont majoritairement des agences digitales et ces dernières sont favorablement accueillies. À ce titre, la dernière campagne « Fier d'être entrepreneur FNAIM » de mars 2024 met sans complexe en avant une entrepreneuse, Justine, à la tête d'une agence 100 % digitale.

Ainsi, à l'observation attentive de l'évolution du phénomène des agences dites « non vitrées », force est de constater qu'aujourd'hui elles peuvent être l'expression d'un modèle d'agence différent de celui du réseau de mandataire indépendant.

En effet, comme le soulignent Distler *et al.* (2022, p. 14), « le modèle d'affaires des réseaux de mandataires repose sur la transposition du fonctionnement d'une agence physique sur un réseau virtuel, permettant ainsi des économies significatives pour le réseau. ». Plus concrètement, ce modèle est fondé sur la massification de forces commerciales au plus près des clients et rattachées à une plateforme de diffusion d'annonces centralisées, le tout avec un management pouvant être parfois très « distanciel », voire « distancié »... tout reposant sur la qualité et les compétences intrinsèques de chacun des agents commerciaux constitutifs du réseau.

---

1 La FNAIM, Fédération nationale de l'immobilier, est la 1re organisation professionnelle de l'immobilier en France et en Europe, https:// www.fnaim.fr

Au contraire, quelques entrepreneurs novateurs ont imaginé un concept d'agence digitale, inspirée de l'agence indépendante (Cheminant *et al.*, 2022, pp. 55-66) : « Une agence non vitrée est la combinaison d'un professionnel titulaire de la carte professionnelle et d'une plateforme digitale. Elle est à la fois incarnée et plateformisée. » Ce nouveau concept d'agence peut, par certains côtés, s'apparenter au concept des réseaux de mandataires visés plus avant. Cependant, il ne vise pas une massification des forces de vente. Ce modèle d'affaires a pour essence la volonté d'une présence très forte sur le terrain, au plus près des clients et de leurs besoins. Nous sommes dans une approche que nous pouvons considérer comme « micro ». Ici, nous avons un professionnel titulaire de la carte professionnelle, qui travaille sur un territoire donné, seul ou avec quelques agents commerciaux, en s'appuyant sur sa propre plateforme digitale. L'agence digitale « de proximité », c'est le modèle des réseaux de mandataires magnifié : incarnée par un titulaire de carte professionnelle entouré de quelques collaborateurs, au plus près du terrain et de ses clients. Au contraire, on peut voir l'approche des grands réseaux de mandataires comme une approche plus « macro », notamment par la multiplicité des agents présents sur le terrain, mais aussi le souci de couvrir une zone de chalandise très large, voire nationale pour les plus grands réseaux, et avec un titulaire de carte professionnelle, au siège, très éloigné du terrain.

N'oublions pas qu'avant toute chose, l'immobilier est et reste un métier humain fait de rencontres régulières avec des individus à la recherche d'un bien à acheter ou à louer, ou désirant vendre ou louer leur patrimoine.

Dès lors, ce chapitre vise à s'intéresser plus particulièrement à ce modèle d'agence « non vitrée », et à l'expérience client qu'il peut engendrer. Nos réflexions s'appuieront sur une quinzaine d'entretiens approfondis menés auprès de professionnels de l'immobilier (agents immobiliers, responsables syndicaux, etc.) et nous essaierons de démontrer que l'expérience client y est souvent magnifiée, et à tout le moins, conçue d'une manière souvent plus sophistiquée que dans les modèles traditionnels. Pour information, précisons que les citations non sourcées proviennent également de nos entretiens et ont été anonymisées.

Notre vision s'appuiera également sur plus de vingt années d'expérience dans le secteur de l'immobilier, nous intéressant plus particulièrement à la traduction des innovations digitales dans les entreprises immobilières.

Perceptions multiples de la digitalisation et expérience client

Retour sur la notion d'expérience client

L'expérience client, c'est le parcours d'achat du client, avec tous ce que cela peut comprendre... Ainsi en est-il de la définition la plus générale de ce concept, appelé parfois, et de façon plus restrictive, relation client.

L'expérience client est donc intimement liée au parcours d'achat. S'agissant de l'immobilier, Crowston et Wigan ont décrit les 5 étapes fondamentales d'un achat dans l'immobilier (Crowston & Wigan, 1999, pp. 1-2) :

- *Listing* : c'est-à-dire la mise en marché à travers un mandat et/ou une annonce (le listing).
- *Searching* : la recherche du bien.
- *Évaluation* : c'est-à-dire la phase de visite, de prise de renseignements sur le bien, de comparaison de prix avec des biens semblables, etc.
- *Négociation* : la négociation du bien avec le vendeur (avec ou sans l'aide d'un agent immobilier).
- *Exécution* : la réalisation de la vente, le paiement et le transfert de propriété.

Plus précisément, nous retiendrons le modèle de décision proposé par Larceneux et Parent, qui prévoit 4 phases distinctes dans le processus d'achat immobilier (Larceneux & Parent, 2023, p. 66) :

- *Phase de formulation* : prise de conscience d'un problème, décision du projet d'achat.
- *Phase de prospection* : recherche d'information (sites, portails, agences, etc.) et visites.
- *Phase de décision* : évaluation des choix possibles et achat.
- *Phase de post-achat* : appréciation du choix et formulation du degré de satisfaction (avis clients, etc.).

Bénéfices retirés de la digitalisation

Dès lors, la digitalisation a-t-elle modifié l'expérience client ? Pour ce qui concerne les banques privées et leurs clients, Lavayssière est affirmatif : « La digitalisation des clients, les nouvelles offres sur le marché d'acteurs traditionnels ou de start-up tendent fondamentalement à modifier la manière d'interagir avec les clients. » (Lavayssière, 2015, p. 61). Le secteur immobilier a adopté la digitalisation plus tard que d'autres secteurs économiques tels que les banques ou les assurances, largement aidé, voire contraint, par les périodes de confinement liées au Covid, comme nous le verrons plus loin. S'agissant du secteur immobilier, nous appuyant sur près de 20 années de pratique, nous pouvons répondre qu'effectivement la digitalisation a modifié indubitablement l'expérience client. Parmi les décideurs du secteur, nombreux vont jusqu'à affirmer que l'immobilier va connaître la même évolution que les secteurs de la banque et de l'assurance, comme le rapporte un de nos professionnels interrogés : « La banque et l'assurance, c'est l'immobilier dans 10 ans, exactement. » (agent immobilier, Île-de-France)

Mais comment la digitalisation peut-elle influencer ou affecter l'expérience client dans le secteur de l'immobilier ?

En préalable, il faut considérer que la perception même de la digitalisation est très variable au sein des professionnels de l'immobilier. Ce constat résulte de nos travaux de recherche conduits auprès d'un panel d'acteurs représentatifs du secteur.

Ainsi, la perception ou la définition de la digitalisation comprend un spectre très large, allant du simple « zéro papier » à une acception plus précise et spécifique assise sur la notion d'outils au service de l'entreprise (site Internet, visite virtuelle, signature électronique, etc.). Le plus souvent, ces nouveaux outils numériques sont considérés comme des substituts à des actions humaines, visant à les simplifier et les rendre plus rapides. Ainsi, nous pouvons poser que la digitalisation peut être considérée comme la mobilisation du format numérique pour créer des outils qui permettent d'améliorer la relation client.

Cependant, certains professionnels interrogés voient en la digitalisation une simplification ou une automatisation des process qui va au-delà des tâches propres à l'entreprise immobilière : ainsi, ils relient cette digitalisation à l'utilisateur client, à savoir le consommateur qui va utiliser l'outil numérique pour consommer le service.

Ainsi, beaucoup d'entrepreneurs immobiliers associent le client au concept même de digitalisation : « C'est une demande des consommateurs qui veulent plus de rapidité. » (agent immobilier, Dijon) De plus, la digitalisation va permettre de servir les clients et d'aller au-delà de leurs attentes.

Dans le même esprit, la digitalisation va être également perçue comme un support informatique qui va permettre l'évolution des pratiques par une optimisation du fonctionnement des agences au service de leurs clients. Pour aller plus loin dans l'optimisation de la relation client, la digitalisation peut être perçue comme un moyen qui apporte un meilleur service et permet d'enchanter les collaborateurs et les clients. Elle peut ainsi grandement faciliter la relation créée entre le professionnel et le client. On rejoint ici le fameux concept de « l'enchantement de la relation client », développé précédemment par Gardes (2019, p. 97) qui avance que « dans le secteur immobilier, la transformation digitale est une opportunité pour améliorer l'expérience client ».

Par ailleurs, beaucoup d'acteurs du secteur pensent que la digitalisation, au-delà d'apporter une simplification des process, va également mieux sécuriser les tâches pour le professionnel au bénéfice de ses clients.

Enfin, il ne faut pas oublier un point essentiel : au-delà de confier à des outils des tâches qu'on fait ou qu'on appréhende de façon nouvelle, et souvent plus rapide et efficace, la digitalisation va avant tout essayer de rendre le client acteur d'un certain nombre de process auxquels il souscrit.

Et là, on touche à un point essentiel des nouvelles relations établies entre le professionnel et son client dans le contexte de relations digitalisées.

Dès lors, la digitalisation va permettre de « sous-traiter » au client des tâches auparavant dévolues au professionnel. Ainsi, les différents outils digitaux mis à disposition dans le secteur immobilier exigent du client des actions individuelles (complétude de son dossier de location sur une plateforme *ad hoc*, recherches sur des portails d'annonces, visionnage de visites virtuelles, etc.). La digitalisation dans l'immobilier permet au professionnel de se décharger sur son client pour certaines actions qui réclamaient auparavant la présence d'un collaborateur, à l'instar de ce qui se passe dans d'autres secteurs comme la banque ou l'assurance, où le client fait désormais beaucoup de choses par lui-même via une plateforme ou un espace client dédié.

Ce qui est surprenant, voire paradoxal, c'est que le client trouve ces nouvelles interactions « normales » et comme faisant partie des échanges normaux avec le professionnel. Cela permet aux consommateurs d'être acteurs dans la relation : on touche ici à la notion d'*empowerment* qui peut être définie comme une stratégie visant à donner plus de liberté, de pouvoir et/ou de contrôle aux clients.

En résumé, on peut donc affirmer, comme beaucoup de professionnels du secteur, que la digitalisation est avant tout un moyen d'améliorer l'aspect relationnel, voire qualitatif, de l'activité, et ceci en rendant le client beaucoup plus acteur dans tous les process. En effet, le consommateur est désormais beaucoup plus informé et les outils numériques mis à disposition lui permettent une meilleure lecture des services qui lui sont proposés.

À une époque où le client est dans une quête d'immédiateté permanente, exigeant du professionnel une réactivité 24 h/24, 7 j/7, on a du mal à concevoir l'activité d'un professionnel sans la digitalisation, seule garante d'une réactivité à l'aune de l'exigence de clients désormais ancrés dans l'ère digitale, et ne pouvant plus se passer de leur smartphone dans leur quotidien.

La relation client s'en trouve radicalement transformée et elle exige des professionnels de nouveaux comportements sous peine de graves désillusions : « Pour la nouvelle génération aujourd'hui, la vitrine digitale prime sur la vitrine physique. » (CEO, syndicat professionnel, Paris)

Nous pouvons aisément affirmer aujourd'hui que la digitalisation est désormais partie intégrante de l'activité immobilière. En effet, plus de 80 % des recherches immobilières passent désormais par le web, et ce sont plus de 22 millions d'internautes qui ont visité un site immobilier chaque mois en 2022 (Larceneux & Parent, 2023, pp. 204-205). Sites Internet, portails d'annonces, signatures électroniques, visites virtuelles, logiciel de gestion, plateforme de traitement des dossiers locataires, état des lieux sur tablettes, extranet copro, ce sont tous les outils à tout le moins qu'un professionnel de l'immobilier se doit aujourd'hui de mettre à disposition de ses clients, afin de favoriser une expérience client digne des attentes de générations toutes désormais demandeuses, voire avides, d'outils digitaux. Enfin, certains vont jusqu'à affirmer que « la digitalisation n'est pas une rupture technologique, c'est une transformation de l'accès au logement. » (agent immobilier, Toulouse)

Sur ce constat, nous visons particulièrement la génération Y ou « Milléniale » (nés entre 1980 et 1995), la génération Z (nés entre 1995 et 2010) et la génération Alpha (nés depuis 2010). Ces trois générations ont été et sont « biberonnées » au digital depuis leur pré-adolescence, quand ce n'est pas avant... Pour eux, tout se passe à travers leur smartphone, voire leur ordinateur portable. Les générations Y et Z sont celles qui louent ou qui aujourd'hui sont les « primo accédants » sur le marché immobilier. Pour eux, les modes de recherche ont changé, tout démarre sur Internet, et souvent jusqu'au bout (concernant leurs achats de consommation courante).

Pour ces générations, l'importance de la vitrine physique passe au second rang : « Qu'un agent immobilier ait une vitrine ou pas ? ils s'en fichent royalement aujourd'hui. » (CEO, syndicat professionnel, Paris). Nous touchons là, pour partie, un point de légitimité de la démarche de nos entrepreneurs à la tête d'agences 100 % digitales. On pourrait imaginer que la vitrine physique a d'autres vertus, comme celle de renforcer la mémorisation des individus, mais pour ces générations ce n'est plus le cas. Nous pouvons modérer cette tendance en confirmant que si l'absence de vitrine physique a aujourd'hui peu d'importance en zone urbaine (notamment dans les grandes agglomérations), tel n'est pas le cas en zone péri-urbaine ou plus rurale (Cheminant, 2022, p. 56).

S'agissant de l'immobilier, on touche rapidement à la notion de client expert : « Le consommateur 3.0 zappe, compare, consulte les avis en ligne, suit les recommandations de sa tribu sociale. Expert instantané dans les offres de produits offerts et leurs avantages respectifs, le consommateur est aujourd'hui très exigeant. » (Gardes, 2019, p. 95)

Face à ces nouvelles générations de clients, qui deviennent de plus en plus experts ou « proto experts », ayant l'offre de marché à portée de clics grâce aux portails d'annonces et aux sites d'agence, le modèle de l'agence digitale se présente comme une réponse crédible. En effet, cette digitalisation totale est pour eux désormais une constante dans leurs expériences clients aussi diverses soient-elles : nourriture, restauration, habillement, loisirs, voyages, banque, assurance, etc.

Partant du constat que « le client expert est celui qui détient des savoirs sur le prix du bien ou du service, sur son processus de fabrication, sur le marché » (Distler, 2023, pp. 90-91), les professionnels du secteur sont désormais dans l'obligation d'adapter leur modèle à ces clients d'un nouveau type qui vivent leur expérience d'achat forts d'un accès illimité aux informations liées au marché immobilier.

Désormais, il faut bien garder en mémoire, notamment dans le secteur de l'immobilier, que « La chose la plus importante à se rappeler en termes de digitalisation, c'est que le darwinisme digital sera intraitable pour ceux qui attendent. » (Wang R., Disrupting Digital Business, 2015). À ce titre, la simple observation de la modification des comportements des clients du secteur immobilier, exigeant de plus en plus des outils digitaux au service de leur parcours d'achat ou de location, doit être un avertissement pour les professionnels qui continueraient à refuser le passage à la digitalisation de leurs services. Comment imaginer un parcours immobilier sans le recours à la digitalisation ? Ceux qui tentent ce parti pris prennent l'énorme risque de passer sous les radars de la plupart des recherches immobilières actuelles. Qu'on s'en réjouisse ou non, l'ère de l'immobilier sans Internet est désormais révolue, même pour les produits les plus hauts de gamme pour lesquels, au-delà de sites spécifiques, on trouve un « off market » qui dispose aussi de ses propres réseaux aux accès très restreints...

Un point d'histoire : la transformation de l'expérience client dans l'immobilier pendant le confinement lié au Covid

L'explosion du phénomène de digitalisation dans l'immobilier date irrémédiablement et incontestablement de la période de confinement liée à la pandémie du Covid en 2020, et ceci, tous les acteurs du secteur interrogés pour cette recherche en conviennent : « La révolution digitale dans l'immobilier, c'est le confinement ! » Certains étaient déjà dotés d'outils digitaux auparavant, mais ils constituaient une minorité, en témoigne le peu de succès de la signature électronique ou des visites virtuelles avant cette période.

Le confinement de la société, interdisant tout déplacement, tout contact direct avec, entre autres, les clients, est apparu très vite comme un phénomène possiblement mortifère pour un métier où la relation humaine en est la substance même. Dès lors, les organisations professionnelles du secteur, ainsi que les réseaux de franchise, n'ont eu de cesse de promouvoir les outils digitaux idoines auprès des professionnels, tout en négociant âprement avec les autorités les modalités réglementaires afférentes permettant une optimisation de leur utilisation dans le cadre strict de la Loi.

C'est ainsi que s'est organisée, sous les contraintes du moment, une nouvelle forme de relation client au sein d'agences dès lors 100 % digitalisées par les circonstances, et ceci il ne faut pas l'oublier. Ces agents immobiliers « d'un nouveau type », sous la contrainte du confinement, ont ainsi pu continuer à travailler tandis que nombreux ont été ceux qui ont simplement fermé boutique et attendu le « déconfinement ». Ainsi « la Covid a démontré que l'on pouvait entretenir une vraie relation client malgré la distanciation ». (agent immobilier, Île-de-France)

Ils continuaient à travailler grâce à ces outils digitaux, et ils ont ainsi entretenu une relation avec une clientèle qui, au-delà des circonstances, avait un besoin de logement, quel qu'il soit. Leur agilité a été saluée par leurs clients, et ils ont ainsi pu gagner certaines parts de marché, et à tout le moins, démontrer que tout ne s'était pas arrêté un soir de mars 2020. Une profession restait ainsi au service de ses clients, au même titre que beaucoup d'autres. Par ailleurs, on peut souligner que nombre de professionnels de l'immobilier, au-delà de travailler à distance, ont aussi appris à continuer à se former grâce à ces nouveaux outils, comme l'a démontré l'exemple de certains centres de formation dédiés à l'immobilier tels que l'École supérieure de l'immobilier, qui a assuré une continuité pédagogique sans faille durant ces moments d'isolement (Cheminant *et al.*, 2021). Il était important de continuer à se former car nombreuses ont été les évolutions réglementaires pendant cette période, et pour les trois métiers « loi Hoguet » (assemblées générales de copropriété en ligne, protocoles divers liés à l'activité, etc.)

Bien sûr, depuis près d'une dizaine d'années, les réseaux de mandataires indépendants avaient déjà prouvé qu'on pouvait faire vivre une force de vente autour d'une plateforme digitale, mais la présence terrain était exacerbée avec ce modèle.

Pendant le confinement, il fallait animer des forces de vente et des équipes de gestionnaires de biens, autour d'outils digitaux, mais sans possibilité aucune de relation physique directe avec les clients. On peut certainement affirmer que cette période a été une sorte de « laboratoire » en temps réel de ce que pouvait être une expérience client complètement digitalisée en immobilier.

C'est ainsi que l'expérience client dans ce modèle d'affaires a pu se développer et pour certains prendre des chemins plus pérennes.

À cette période, et devant cette situation inédite, quelques acteurs du secteur en ont profité pour élaborer un modèle d'agence 100 % digitale, sans locaux commerciaux, mais disposant, autour d'une plateforme digitale, de collaborateurs pour accompagner les clients. Cette façon de « repenser » le rôle de l'agent immobilier et le modèle même de l'entreprise immobilière face à une situation inédite (le confinement), confirme la place essentielle du professionnel de l'immobilier, même doté d'outils digitaux les plus sophistiqués : « Aucune communication numérique ne saurait remplacer le contact personnalisé. Ce dernier est irremplaçable lorsqu'il s'agit de créer le climat de confiance et d'établir des relations durables avec la clientèle. » (Darmon, 2001, p. 60)

Ce point d'histoire étant rappelé, nous allons maintenant étudier comment l'expérience client se confronte au modèle d'agence digitale, ou non vitrée.

Le grand paradoxe : le plus d'humain

En quoi l'expérience client peut-elle être modifiée dans une agence 100 % digitale et non vitrée ?

Tout d'abord, beaucoup d'entrepreneurs rencontrés à l'occasion de la rédaction de ses lignes ont affirmé que l'immobilier ne se résume pas à une vitrine, « c'est un métier de terrain, et il faut aller à la rencontre des gens ». Certains allant même jusqu'à affirmer que de toute façon, les gens ne poussent plus la porte des agences, et ne regardent plus les vitrines souvent chèrement acquises, notamment pour certains franchisés... À ce titre, on peut parfois se demander si certains professionnels au moment de l'ouverture de leur agence vitrée se concentrent plus sur leur local que sur leur métier... Quoi qu'il en soit, le maître mot est l'adaptation au contexte client : « C'est un métier qui a été bouleversé et qui va encore être bouleversé. Pour nous, c'était important de prendre tout de suite ce parti-là. Aujourd'hui nous n'avons pas forcément besoin d'un local commercial. Les pratiques ont changé et les clients s'en portent très très bien. » (agent immobilier, Île-de-France)

En préalable, il est bon de rappeler certains chiffres concernant la fréquentation des sites Internet dédiés à l'immobilier.

Nous avons préalablement mentionné, comme l'avancent Larceneux et Parent (2023, pp. 204-205), que chaque mois plus de 22 millions de visiteurs consultent des annonces en ligne. De plus, ils soulignent que le temps moyen passé sur un site est de 25 minutes. Si on ajoute à ces chiffres édifiants que plus de 80 % des recherches immobilières démarrent par Internet (certains vont jusqu'à avancer 90 % voire 95 % !), on ne peut que constater que c'est le web qui est aujourd'hui le principal vecteur d'information dans le secteur. Et ce, avec des supports très variés : portails d'annonces, applications pour smartphone ou tablette, réseaux sociaux, etc. (enquête IFOP, juin 2021).

On touche dès lors au fait que plus globalement, la stratégie commerciale de « distribution » de l'offre immobilière peut être considérée comme omnicanale. L'omnicanal, c'est l'intégration complète des canaux de distribution et une offre identique et interchangeable à travers tous les canaux. On approche ainsi de la notion de points de contact, qui sont ici multipliés pour pouvoir entrer en relation avec le consommateur (Vanheems, 2010).

Pour mémoire, les points de contact sont « les divers chemins par lesquels les consommateurs vont entrer en relation avec les entreprises » (Edelman, 2010).

Les points de contact peuvent être classifiés en 4 grandes catégories (Straker, Wrigley & Rosemann, 2015) :

- Fonctionnel (sites Internet, e-mail, podcasts, tutoriels, applis, etc.).
- Social (réseaux sociaux).
- Communautaire (forums, blogs, YouTube, etc.).
- Commercial (médias digitaux, publicités, e-commerce, etc.).

Les points de contact dépendent des produits et services visés et des personnes concernées. Aussi, dans l'immobilier digitalisé, on constate qu'effectivement, les 4 catégories de points de contact définis par Straker *et al.* sont mobilisées pour faciliter l'expérience client. Tous les entrepreneurs digitaux rencontrés nous l'ont affirmé : « On se rend compte que les pratiques ont changé. »

Pour aller plus loin, la digitalisation est par essence source de création de points de contact, comme l'illustrent la multiplication des applications pour smartphone ou le développement de nouveaux outils digitaux. Et ceci au service d'une meilleure efficacité dans la relation client. Ainsi, « la digitalisation permet non seulement de multiplier les points de contact entre le client et l'entreprise mais également de mieux conduire l'interaction commerciale. » (Siadou-Martin, 2018, p. 75)

Enfin, il nous faut souligner que les différents points de contact peuvent ne pas avoir le même degré d'importance dans le parcours client, que ce soit par la qualité du client en lui-même ou par son appétence plus avérée à tel ou tel d'entre eux, voire à son degré de progression dans son parcours d'achat. Pour Medioni et Benmoyal Bouzaglo (2018, p. 11), les différents points de contact « peuvent avoir une influence variable selon l'étape du processus d'achat dans laquelle se trouve le consommateur ».

Dès lors, le parti pris des agences digitales se trouve renforcé, car même si le métier du professionnel de l'immobilier requiert toujours une présence physique à un moment, avec la nécessité d'être au plus près du terrain, on constate que désormais, Internet constitue un élément incontournable du démarrage du parcours client immobilier, et ceci quelle que soit la recherche : achat, location, neuf ou existant (ancien), maison, appartement, terrain, immeuble, commerce, bureau, etc. Pour ces entrepreneurs de l'immobilier digitalisé, la stratégie sera avant tout d'optimiser l'utilisation de tous leurs outils digitaux afin de servir au mieux l'expérience client dans sa durée.

Il est intéressant de relever un des paradoxes d'Internet dans l'immobilier. Ainsi pour Siadou Martin (2019, p. 67) : « Il permet une personnalisation plus grande des contacts mais il est en même temps source de dépersonnalisation des contacts grâce à une diffusion massive... ». C'est tout le dilemme qu'ont à résoudre au quotidien les entrepreneurs immobiliers d'agences digitales : rester au plus près de clients qui exigent un service personnalisé, suivi et ininterrompu tout au long du parcours. À ce titre, « les outils digitaux sont au service d'une meilleure expérience client à travers un accompagnement de tous les instants ». Ce dilemme est d'autant plus important pour ces agents immobiliers qu'ils n'ont pas de local visible de la rue, au contraire de tous les « vitrés ». Se faire identifier comme professionnel de l'immobilier va passer immanquablement par le degré de leur présence sur la « toile ». C'est leur défi quotidien : être et rester visible, alors qu'ils n'ont pas de vitrine physique.

Dès lors, c'est leur capacité à maintenir le « fil d'ariane » de la communication avec leurs clients qui fera qu'ils pourront travailler efficacement au service desdits clients. En effet, tous les acteurs « digitalisés » avancent que celui qui ne répond pas dans des délais ultrarapides à une demande de son client va le perdre définitivement. Sans vitrine, le téléphone devient un outil essentiel dans la relation client, maintenir le contact crée la confiance et rassure le client. La qualité de cette relation tient par la continuité de la communication.

À ce niveau, il faut bien souligner que l'exigence d'immédiateté du client impose au professionnel de l'immobilier, et encore plus si ce dernier est « digitalisé », une présence de tous les instants « au chevet des multiples questionnements » que peut avoir ce client dans ce parcours d'achat si particulier qu'est celui de l'immobilier : « L'humain doit rester le principal facteur. » (agent immobilier, Nantes).

Être une agence digitale, sans vitrine, ce n'est pas attendre le client, c'est être au plus près de ses besoins, de ses attentes, et donc être sur le terrain et aller à sa rencontre. « On est digital, mais on est aussi 100 % humain. » (agent immobilier, Île-de-France)

Nos entrepreneurs interrogés nous ont tous affirmé que « l'agence digitale, ce n'est pas moins d'humain, c'est plus d'humain ». (agent immobilier, Île-de-France)

Il n'est nul besoin de narrer ici les échecs répétitifs de toutes les tentatives de plateformisation à 100 %, tels que celui des Agences de papa par exemple... Ou celui d'un syndic en ligne qui devait bouleverser le métier et qui a fini par renoncer à son modèle qui se voulait révolutionnaire !

De fait, la distanciation réelle par l'absence de local sur rue, associée à des contacts se faisant la plupart du temps via des outils numériques, a pour conséquence que c'est la qualité de l'interaction entre le professionnel et son client qui va créer le nécessaire climat de confiance.

Se faire identifier sur son secteur, faire que les clients vont s'adresser à vous, qui êtes présent uniquement sur la Toile, plutôt que pousser la porte d'une agence de proximité, tels sont les enjeux des entrepreneurs digitaux.

À ce stade, et pour accentuer encore l'importance de l'incarnation pour ces entrepreneurs d'un nouveau type, nous avons pu constater au fil de nos rencontres que tous avaient déjà préalablement travaillé sur leur zone de chalandise et étaient connus, voire reconnus comme de bons professionnels. C'est fort de ces expériences qu'ils ont décidé de franchir le pas de la création de ces agences digitales. Ainsi, ces entrepreneurs ont travaillé sur leur secteur, sur leur ville et/ou ailleurs, sur de longues périodes avant leur installation : ces périodes varient de 5 ans à près de 30 ans pour les plus capés. C'est une constante observée lors de nos entretiens, aucun créateur d'agence digitale n'a démarré sans une expérience préalable du métier dans une structure traditionnelle, indépendante, franchisée, voire en tant qu'agent commercial pour un réseau. De même, ils avaient pour la plupart travaillé sur le secteur visé.

Mentionnons au passage que ce métier ne s'improvise pas, qu'il est technique et très réglementé, et que seuls des professionnels formés, expérimentés et compétents peuvent prétendre à la réussite. Et ceci d'autant plus quand vous souhaitez exercer ce métier sous un modèle nouveau, sans local sur rue et en optimisant les outils digitaux à disposition.

En résumé, on peut constater que l'agence digitale est exigeante d'une présence incarnée et professionnelle : « Je suis une agence digitale, mais en fait je suis avant tout une agence humaine. La digitalisation, c'est l'humanisation totale de mon activité. » (agent immobilier, Île-de-France)

Plus précisément si l'on se réfère à nos constats, beaucoup de femmes sont aujourd'hui à la tête d'agences digitales non vitrées et revendiquent haut et fort leur engagement professionnel : « Derrière, il y a aussi… il y a la connaissance, il y a le savoir-faire, il y a le savoir-être, il y a tout quoi. Il y a des hommes derrière, des femmes surtout en l'occurrence. » (agent immobilier, Île-de-France)

Nous allons maintenant voir comment les agences digitales optimisent les outils digitaux à disposition, afin, entre autres, de diminuer le facteur d'absence de vitrine physique.

Agences digitales : une optimisation des outils numériques

Une agence immobilière digitale, c'est-à-dire sans vitrine, se doit d'avoir à disposition une large palette d'outils lui permettant de suppléer à cette situation et d'offrir un maximum de points de contact à ses prospects.

Cependant, il n'échappe à personne que ces outils ont un coût : à l'investissement et souvent à l'usage. Beaucoup de professionnels immobiliers dits « traditionnels » reconnaissent volontiers que la digitalisation est une dépense importante pour une agence et certains sont contraints par cet état de fait de ne pas se doter de tous les outils idoines.

Les agences immobilières digitales ont à ce niveau un avantage concurrentiel immense vis-à-vis des agences traditionnelles : leur modèle d'affaires est particulier et implique une diminution drastique de leurs coûts fixes, principalement grâce à leur absence de locaux commerciaux avec pignon sur rue. Il ne s'agit pas simplement d'un transfert de coûts fixes d'un loyer à une plateforme, car aujourd'hui, toutes les agences immobilières ont besoin d'avoir une plateforme Internet pour présenter leurs biens et leurs services, au-delà des portails d'annonces.

Lecocq *et al.* définissent le modèle d'affaires comme « les choix qu'une entreprise effectue pour générer des revenus. Ces choix portent sur trois dimensions principales que sont les ressources et compétences mobilisées (qui permettent de proposer une offre), l'offre faite aux clients (au sens large) et l'organisation interne de l'entreprise (chaîne de valeur) et de ses transactions avec ses partenaires externes (réseau de valeur). » (Lecocq *et al.*, 2006, p. 99)

L'apparition de la digitalisation dans les entreprises et leur marché va avoir pour conséquence la transformation des modèles d'affaires, comme l'avance Barlatier : « Cette transformation des modèles d'affaires impulsée par la nouvelle ère numérique n'est pas simplement une question vitale d'adaptation mais aussi de capture de nouvelles opportunités de création de valeur. » (Barlatier, 2016, p. 2)

Ainsi, on peut donc avancer aisément que les nouveaux entrepreneurs de l'immobilier digital ont saisi l'opportunité de faire évoluer de façon drastique le modèle d'affaires de l'agence immobilière, en imaginant une forme d'agence immobilière très éloignée de celle du succursalisme immobilier, mantra du secteur depuis l'apparition des réseaux de franchises au début des années quatre-vingt.

À ce stade, nous abordons directement le concept « d'innovation de modèle d'affaires » que Demil, Lecocq et Warnier (2019) définissent comme l'instauration d'une nouvelle façon de conduire une activité.

Des coûts de structure largement diminués

Il nous faut rappeler que les dépenses liées à la location de locaux commerciaux représentent un des postes majeurs dans le budget de fonctionnement d'une agence, avec les coûts salariaux et les frais de communication/publicité. Ce coût varie en fonction de la ville, de l'emplacement, de la surface. Si l'on adhère à un réseau de franchise, souvent le franchiseur « exigera » un emplacement n° 1, le plus cher. Ces sommes peuvent très vite représenter quelques milliers d'euros par mois, si on y ajoute les assurances, les fournitures de gaz, électricité, eau, Internet, les taxes et impôts divers, etc. Nous ne mentionnerons même pas à ce stade les frais de première installation, tels que l'aménagement des locaux (meubles, téléphonie, informatique, vitrine, etc.). Tous les spécialistes du secteur estiment que le coût moyen d'installation et de lancement d'une agence traditionnelle s'élève entre 50 000 € à 100 000 € la première année. Mentionnons que s'il s'agit d'une agence adhérente à une franchise, l'aménagement des locaux sera souvent imposé, donc le coût en sera incompressible et difficilement négociable.

Partant de ce constat, il faut ajouter qu'en fonctionnement courant, les dépenses liées aux locaux peuvent représenter très rapidement plusieurs milliers d'euros annuels, tout dépendant des facteurs précisés plus haut. Au contraire, le modèle des agences digitales diminue, voire supprime *de facto*, ces dépenses de fonctionnement indissociables du modèle « vitré ». À ce titre, l'agent immobilier digital peut consacrer une part de son logement personnel à son activité, mais le plus souvent il va évoluer vers la location de bureaux « en étage », bien moins coûteux qu'un local sur rue. Certains, toutefois, se contentent de se rendre directement chez leurs prospects pour créer le lien direct et physique.

Au-delà, le transfert d'allocations de moyens de l'espace commercial physique, appelé ici communément « succursale », vers une vitrine « digitalisée », implique en même temps une territorialité nouvelle pour le professionnel : « Le coût d'une succursale me permet de financer ma vitrine digitale. Et quand je le fais, je ne le fais pas uniquement pour un département, Je le fais pour la France et pour le monde entier. » (agent immobilier, Île-de-France). Sans viser une zone de chalandise mondiale, rappelons que pour la location, il est très facile d'être identifié sur les moteurs de recherche à plusieurs centaines de kilomètres de sa zone de référence. De même, la présence de commerciaux directement sur le terrain, au plus près du marché, facilite la visibilité de l'agence non vitrée, comme le font par essence les réseaux de mandataires : « Si je positionne un commercial, j'ai une vitrine digitale. »

En effet, à ce stade, on peut poser le principe que plus une agence non vitrée aura des commerciaux sur le terrain, plus elle sera identifiée et visible par le marché considéré.

Dès lors, tous les entrepreneurs d'agences digitales ont affirmé que l'essentiel de ces sommes ainsi « économisées » étaient investies prioritairement dans des actions de communication, voire dans des outils digitaux : « Je préfère économiser le coût des locaux et le mettre dans la publicité. » (agent immobilier, Île-de-France)

Dans ce modèle, où les coûts de structure sont très diminués, apparaît très vite une autre réalité : il est plus facile dès lors d'établir des honoraires moins élevés ! « On peut avoir des honoraires compétitifs car les frais de structure n'existent pas. »

Des outils incontournables

Les agences digitales sont dotées d'outils désormais considérés comme incontournables en termes de digitalisation dans le secteur de l'immobilier : en tout premier lieu, un site Internet de qualité, en responsive design et doté des toutes dernières fonctionnalités. Directement liés aux sites d'agences, la présence sur des portails d'annonces immobilières est indispensable : « Tout se passe sur les portails ! » C'est même le premier vecteur de visibilité et d'indentification de l'agence digitale, car n'oublions pas qu'associée au site d'agence, la présence sur les portails d'annonces est constitutive de la seule vitrine du « non vitré » ! Le choix des bons portails est primordial, car ce sera le point de contact privilégié avec les clients en quête de bien à vendre, à acheter ou à louer.

Attention cependant aux coûts parfois élevés de ses plateformes (jusqu'à plusieurs milliers d'euros par mois) ainsi qu'à certaines conditions générales de vente, véritables pièges à retardement parfois pour le professionnel de l'immobilier… À ce niveau, nous ne pouvons que recommander le site créé par l'ensemble des professionnels et géré par eux, c'est-à-dire le portail Bien Ici (*https://www.bienici.com*), le premier à avoir proposé notamment la géolocalisation des biens.

Il y a obligation également de proposer une solution de signature électronique, gage de possibilité de contractualisation distanciée à tout moment. Modelo et DocuSign sont parmi les systèmes les plus diffusés aujourd'hui. L'immense majorité des professionnels du secteur admettent aujourd'hui qu'il est difficile de se passer d'un système de signature électronique et sécurisée à distance, même pour les agences vitrées.

Ensuite, des outils de visites virtuelles, permettant de larges économies de temps en transaction, et évitant de mobiliser des négociateurs pour souvent peu de retour. La visite virtuelle peut être associée à des outils de réalité virtuelle en 3D, afin d'imaginer des aménagements futurs d'un bien. La visite virtuelle est aujourd'hui un outil incontournable pour une agence de location, permettant ainsi à des clients à plusieurs centaines de kilomètres de la ville visée, de pouvoir tranquillement visiter des biens, de faire une pré-sélection précise de ceux véritablement intéressants pour eux, et ainsi d'optimiser le déplacement physique le cas échéant. C'est un outil largement utilisé désormais par les familles pour choisir le prochain hébergement de leur enfant futur étudiant. Pour le professionnel, cela permet de qualifier les clients. Ceci associé la plupart du temps à un outil de gestion en ligne des dossiers locataires, permet de faire gagner en productivité toutes les agences de location pendant la période de pré-rentrée universitaire. À ce niveau, une agence digitale trouve parfaitement sa destination et sa légitimité, pour des clients très éloignés… à une condition, savoir bien mettre en avant leur offre de biens à la location sur les bons portails et grâce à tous les outils numériques associés.

Enfin, mentionnons pour mémoire, l'acquisition obligatoire d'un bon logiciel métier (intégrant pour la plupart un CRM), qui permet de gérer toute la chaîne depuis la prise de mandat jusqu'à la vente, outil indispensable pour démarrer le moindre commencement d'activité dans un des trois métiers de la loi Hoguet. La Boîte Immo, Orisha real estate et Septeo en sont les principaux fournisseurs.

Communication et réseaux sociaux

De même, les réseaux sociaux font partie intégrante des dispositifs à mobiliser au sein d'une agence digitale. Facebook, X (ex Twitter), Instagram, WhatsApp, LinkedIn, Tiktok sont des incontournables : « On est 100 % digital, donc on ne peut pas passer à côté des réseaux sociaux, pour donner de la visibilité, pour donner aussi du contenu. » (agent immobilier, Île-de-France)

À ce stade, il faut bien choisir ses réseaux : Facebook concerne désormais les plus de 40 ans, Tiktok les générations Alpha et les générations Z par exemple.

Cependant, comme le précise Florin Mas, cofondateur d'Immo2 (2023, p. 226) « il n'est pas indispensable d'être présent sur toutes les plateformes ». D'ailleurs, nos entrepreneurs adaptent leur choix de réseaux sociaux à leur clientèle, sachant qu'aujourd'hui deux agents immobiliers sur trois utilisent Facebook (étude Immopinion pour Immo2, 2023).

Inutile de rappeler à ce stade qu'on ne diffuse pas d'annonces via un réseau social, il sert principalement à identifier le professionnel comme compétent, actif, engagé dans la vie du quartier ou de la cité, informé des dernières actualités qu'il relaie à travers lesdits réseaux. Pour ce qui est d'y mettre une annonce, à moins de vendre des produits de très haut de gamme, inutile… Sachant qu'il existe des portails spécifiques pour cette catégorie de biens, tels que green-acres.fr par exemple.

L'autre utilité de ces réseaux est qu'ils peuvent être des moyens de bien expliquer la nature de l'agence digitale, « il faut faire preuve de beaucoup de pédagogie, de beaucoup de proximité ». Avoir une agence digitale exige de bien informer le client, de lui présenter la démarche et de bien expliquer les outils à disposition.

La communication digitale exige beaucoup de professionnalisme. Les entrepreneurs à la tête d'agences digitales utilisent souvent les services de professionnels tels des Community managers ou des développeurs qui vont travailler spécifiquement pour eux. Tous développent des actions de communication très personnalisées à travers leurs outils. De même, il est nécessaire de bien cibler ces messages, car la Toile est vaste, et il est difficile de trouver précisément les bons interlocuteurs : « Parler à tout le monde, c'est parler à personne. » Le recours aux quelques rares entreprises de communication spécialisées dans le secteur immobilier est déconseillé : le service délivré est trop standard et est quasi identique pour tout le monde... donc non visible. Or, les agences digitales ont un besoin vital de se distinguer !

« On voit tous les jours des agences qui sont sur les réseaux sociaux, qui ont un site, et cetera. Mais ils ont une communication trop banale, ils font du copier-coller. Il y a sur le marché 2 ou 3 acteurs importants qui présentent la même solution de communication pour les agences et du coup c'est tout copier-coller pour tout le monde. »

Dès lors, on va retrouver ici la nécessaire incarnation personnelle du professionnel de l'immobilier, indispensable avec une agence digitale. Cependant, il faut savoir se distinguer et avoir un discours précis, pédagogue et qui permet d'être identifié comme le professionnel de référence et de confiance : « Faire de la communication digitale pour dire qu'on fait de la communication digitale, cela ne sert à rien. C'est-à-dire qu'aujourd'hui, si on ne montre pas qui on est, qu'est-ce qu'on fait, comment on fait, ça ne sert à rien. » (agent immobilier, Île-de-France)

Ainsi, certains professionnels n'hésitent pas à se « mettre en scène » dans un affichage « en famille », par exemple à l'occasion de la fête des mères. Le côté « famille » plaît beaucoup chez certains internautes, l'image de la cellule familiale apparaît certainement comme rassurante et surtout les gens peuvent ainsi plus facilement se projeter à travers leur agent immobilier. Nous verrons plus tard que c'est très constitutif de confiance pour le client. De même, pour les professionnels le fait d'être une femme est majoritairement considéré comme un atout dans ce métier, et d'autant plus pour les agences digitales qui ont besoin d'incarner peut-être encore plus professionnalisme, rigueur et compétence. Ainsi, les professionnelles de l'immobilier sont plus fines dans l'approche client, ciblent beaucoup plus rapidement le profil de l'interlocuteur et ont plus de rondeur dans la négociation.

De l'utilité de YouTube

Concernant un des points de contact communautaire, comme mentionné plus avant, il existe un autre outil, très utilisé par les agences digitales, c'est YouTube. Les agences digitales sont très utilisatrices de YouTube et ont pratiquement toutes leur chaîne sur cette plateforme, leur permettant de présenter les biens à la vente (ou à la location) : « Les clients adorent les vidéos de biens. » À ce niveau, il faut souligner que les vidéos doivent présenter avant tout du contenu, et ne doivent pas être orientées dans une logique d'influenceur. Ainsi, il faut bien cultiver son *personal branding*, et chacun doit avoir sa propre identité. La présentation vestimentaire des professionnels sur les vidéos doit être travaillée... en d'autres termes, il faut être bien habillé sans aspect négligé. Ceci doit être à rapprocher de la nature de l'achat (ou la vente) immobilier(e), qui est avant tout un acte parmi les plus importants dans la vie d'un individu : « Une transaction immobilière n'est pas une transaction classique : c'est un achat (ou une vente) fortement impliquant, financièrement, psychologiquement et symboliquement. » (Larceneux & Parent, 2023, p. 14)

Ainsi, prenons l'exemple d'une de nos entrepreneuses qui en a fait son principal outil de communication avec un certain succès. Précisons que sa zone de chalandise se situe dans une banlieue francilienne cossue et plutôt considérée comme bourgeoise. C'est un point important, avant tout pour expliquer que le prix des biens présentés se situe dans une fourchette au-dessus de la moyenne nationale. Biens pour lesquels on pourrait de prime abord imaginer qu'une agence digitale aurait plus de mal à exister qu'une agence plus traditionnelle. Ce qui n'est pas le cas. Soulignons à ce titre que dans ce secteur, on peut constater la présence de plusieurs agences digitales qui, à priori, ont une activité fort correcte.

Ainsi, la chaîne YouTube de notre professionnelle propose des vidéos aux sujets variés et distincts. En premier lieu, de courtes explications sur des points de réglementation (DPE, etc.) ou des tutoriels sur tel ou tel point de l'activité d'un agent immobilier (estimation, honoraires, etc.).

Mais ce qui paraît le plus intéressant, ce sont les vidéos de présentation des biens à la vente. Concernant ces vidéos, elles servent parfois de *teasing* à l'annonce de la présentation d'un bien, en narrant l'histoire du quartier, par exemple en donnant l'explication du nom de la rue. Approche intéressante, car souvent les clients ont besoin de se raccrocher au passé d'un quartier pour se l'approprier. Concernant les vidéos de présentation des biens, elles sont très personnalisées et totalement incarnées. Notre professionnelle se mettant en scène dans toutes les pièces du bien, en ajustant sa gestuelle et son discours à la nature de la pièce. On découvre ainsi le bien en « caméra objective » parfois, donnant l'impression qu'on est littéralement immergé dans le lieu. L'impression est très réaliste et il est facile de se projeter ainsi dans le bien. S'agissant d'une femme élégante et cultivant l'empathie, l'impression projetée n'en est que plus impactante pour les clients visionnant le film. Elle avoue naturellement qu'elle est une des rares à faire des vidéos aussi personnalisées, ce que nous confirmons.

Des moyens de communication traditionnels

S'agissant plus largement de tous les autres outils de communication, il faut également préciser qu'une majorité d'entrepreneurs à la tête d'agences digitales vont également mobiliser des moyens plus classiques et souvent très matériels pour communiquer dans leur biotope : publi-reportages ou publicité dans les journaux locaux, présence sur les sachets papier permettant d'emballer le pain, mécénat ou parrainage d'associations sportives locales, etc. Ainsi, ils développent et accentuent leur visibilité directe auprès des clients sur leur zone de chalandise. Dès lors ils se positionnent dans la plus pure tradition des agents immobiliers américains, adeptes depuis des générations du concept du *Farming*. Le travail du réseau local de proximité correspondant à la zone de chalandise privilégiée est une des clefs de la réussite des agences digitales, encore plus que pour une agence vitrée. En effet, personne ne passant devant une vitrine qui n'existe pas, seule une présence structurée, travaillée et élaborée au plus près du terrain sera constitutive de visibilité directe et d'incarnation. Enfin, n'oublions pas qu'avec la digitalisation, les capacités de communication sont illimitées et quasi gratuites avec certains outils, à l'exception de la masse salariale allouée pour le temps nécessaire à la mise en forme.

Plus globalement les vieilles recettes sont toujours pratiquées. Curieusement, les entrepreneurs à la tête d'agences digitales utilisent toujours les bons vieux panneaux « à vendre » ou « vendu » : « Les panneaux, beaucoup les panneaux ». Partant de ce constat, mentionnons que les réseaux de mandataires de type IAD sont également très friands de ces affichages, souvent très personnalisés avec systématiquement une photo de l'agent commercial concerné.

Pour conclure sur cet aspect communication, citons une de nos interlocutrices : « En fait, c'est la multiplication des outils qui fait le tout. C'est-à-dire que celui qui m'a vue sur l'ensemble de la ville, qui m'a vue sur un panneau vendu en face de chez lui, qui a entendu parler de moi par un copain qui machin... il va m'appeler quoi. »

Vers une prospection digitalisée ?

À ce niveau, se pose la question de la prospection au sein d'une agence digitale. Doit-elle être digitale ou sur le terrain ? Les avis sont très partagés à ce niveau dans la communauté des professionnels à la tête d'agences non vitrées.

Évacuons tout d'abord la question de l'achat de leads[1] auprès de start-up : un très large consensus existe pour admettre qu'aujourd'hui leur intérêt est plus que questionnable, voire totalement

1 Selon le CPA, syndicat professionnel des acteurs du digital, un lead est « un prospect ayant exprimé une intention claire d'achat d'un produit ou d'un service et ayant confirmé sa volonté d'être contacté ».

inexistant pour certains. *A priori*, les algorithmes utilisés ne sont pas encore totalement pertinents. Néanmoins, avec le développement des outils s'appuyant sur l'Intelligence Artificielle, il faut rester en veille sur ce sujet, car il y a fort à parier que dans quelque temps, l'I.A. permettra d'améliorer sensiblement l'efficacité de ces outils.

Concernant plus particulièrement la prospection, un des fondamentaux du métier d'agent immobilier, il y a deux écoles dans les entrepreneurs à la tête d'agence digitale.

Tout d'abord, abordons le groupe des « traditionalistes », adeptes d'une prospection physique sur le terrain, « à l'ancienne » : « C'est un métier de terrain, il faut aller chercher le client. » Certains entrepreneurs reconnaissent qu'ils ont dû faire beaucoup de prospection sur le terrain au début de leur activité, notamment pour être visibles sur leur secteur, nonobstant l'absence de point de vente : « J'ai fait beaucoup de prospection dès le début de mon activité. » N'oublions pas que ces mêmes entrepreneurs sont des adeptes de communication hybride, comme nous l'avons souligné précédemment, mariant à la fois présence sur la Toile, à travers toutes les plateformes existantes, mais aussi actions plus proches de leur biotope et directement sur le terrain (journaux locaux, mécénat divers, etc.). Il faut le rappeler encore : « L'immobilier est un métier humain qui doit rester proche des gens. »

Au contraire, nous avons à l'opposé les adeptes de la prospection entièrement digitale : « La digitalisation transforme la prospection physique en prospection digitale. » Dès lors, ceux-ci utilisent tous les outils susceptibles de générer des points de contacts (sites, portails, réseaux sociaux, YouTube, etc.) afin d'être au plus près du marché et à l'écoute constante des clients. Cependant, ces adeptes de la prospection digitale n'en oublient pas moins l'aspect essentiel de l'incarnation du professionnel de l'immobilier : « Faire de la communication digitale pour faire de la communication digitale ne sert à rien, il faut apporter de l'humain. » Il faut préciser que ces entrepreneurs se sont très vite affranchis de toutes les « règles » soi-disant essentielles dans la communication digitale (nombre minimum de post par jour et/ou par semaine, faire des post « comme ci, puis comme ça » ! Toutes ces belles leçons ne tiennent guère face à la réalité d'un secteur immobilier souvent difficile à appréhender pour un profane : « L'agent immobilier en mal d'identité demeure l'élément structurant de cette activité mais il n'est pas le seul. Pour autant, il reste le maillon essentiel, pour le consommateur, d'une restitution simple dans un monde complexe. » (Torrollion, 2018, p. 9).

Savoir donner du sens

Créer la confiance et le sens

L'agent immobilier, par la Loi, est un tiers de confiance, titulaire d'une carte professionnelle (transaction, gestion et/ou syndic) obtenue avec un niveau de diplomation minimum du fait de la Loi, doté d'une garantie financière et d'une assurance RCP. Plus récemment, son titre a été protégé par la Loi, renforçant ainsi son statut de tiers de confiance. Ainsi, la loi ELAN n° 2018-1021 du 23 novembre 2018 a définitivement consacré les titres d'agent immobilier, d'administrateur de biens et de syndic de copropriété. Et pour symboliser cette reconnaissance officielle, la FNAIM a créé un signe distinctif pour tous les titulaires de la carte professionnelle : l'emblème *VESTA*. Notons que certains entrepreneurs digitaux de la FNAIM arborent Vesta sur leur site et leurs supports.

S'agissant du sens à donner aux innovations digitales, nous nous référons à la théorie du sensemaking de Weick (1995, 2001). En effet, face à l'abondance d'informations résultant de l'utilisation des nouvelles technologies de l'information, et dans le but de pouvoir susciter les échanges entre les différents acteurs du biotope, comme de favoriser le partage d'objectifs communs, il faut tenter de mettre de l'ordre dans le désordre.

Enfin, mentionnons que beaucoup de nos entrepreneurs digitaux adhèrent à une organisation professionnelle au sein de laquelle ils sont désormais accueillis à bras ouverts (cf. plus haut). La FNAIM notamment, et comme nous l'avons précédemment souligné, n'hésite plus à les mettre en avant, ce qui semblait inimaginable il y a encore quelques années. L'adhésion à un syndicat professionnel est un marqueur de confiance éminemment distinctif pour des professionnels en quête de reconnaissance auprès de leurs clients. Notamment s'agissant de la FNAIM qui dispose d'un des logos les plus puissants dans l'immobilier (Cheminant, 2022, p. 60), avec son fameux « cube jaune », qui récolte 82 % de notoriété aussi bien auprès de consommateurs que des professionnels. Dès lors, l'effet « assurance/réassurance » est garanti pour les porteurs de signes distinctifs d'appartenance à la 1re organisation professionnelle du secteur. La recherche d'image et de crédibilité passe, pour beaucoup de professionnels à la tête d'agence digitale, par cet engagement syndical porteur de sens pour les clients. À ce titre, pour prolonger, mentionnons que la FNAIM s'est dotée d'un code d'éthique et de déontologie dès 2004, soit 9 ans avant le décret n° 2015-1090 du 28 août 2015 fixant les règles du code de déontologie dans l'immobilier pour tous les professionnels relevant de la loi n° 70-9 du 2 janvier 1970 (dite loi Hoguet).

De l'importance des avis clients

Plus généralement, les clients donnent leurs avis sur tout et sur tous les sujets, et surtout ils peuvent se soutenir entre eux dans les communautés (Côté et Boulet, 1996).

En effet, la digitalisation leur permet d'avoir davantage accès à l'information qui est aujourd'hui à quelques clics !

La communauté détient désormais un véritable pouvoir de recommandation, ou au contraire de nuisance, selon Distler (2023).

Apparus en France, dans l'immobilier, il y a une dizaine d'années, notamment grâce à l'entreprise Opinion System, les avis clients sont aujourd'hui un incontournable vecteur de la confiance et de la réputation des professionnels de l'immobilier. Il ne faut jamais oublier qu'un professionnel de l'immobilier n'a vis-à-vis du public que sa réputation et son professionnalisme à « exposer » !

Avec le recul, les entreprises qui se soumettent volontairement aux avis certifiés comme ceux d'Opinion System, ont des notes de satisfaction supérieures aux autres systèmes. Les avis Google sont certes gratuits, mais ils ont l'immense inconvénient de n'être pas vérifiés et ainsi laissent leurs auteurs libres de toute censure. Il est reconnu que des concurrents mal intentionnés en font un usage parfois abusif, au grand désespoir des entreprises ainsi visées. Chacun y verra son intérêt, nous sommes personnellement convaincus que les avis vérifiés sont beaucoup plus sécurisants et sécurisés...

Rappelons que les avis clients sont constitutifs du sens des actions conduites par les professionnels de l'immobilier qui en sont bénéficiaires.

Concernant les avis Google, certains les utilisent car le passage via une société d'avis telle Opinion System a un coût. Les premiers avis clients sont la plupart du temps sur Google, quand l'activité de l'agence prend de l'ampleur et dégage des marges plus importantes, beaucoup adhèrent à des sociétés telles Opinion system.

Dès lors, certains relancent les clients systématiquement pour avoir un avis, et ceci à toutes les étapes de l'expérience client, sachant que nul ne sait à l'avance si elle ira jusqu'à son terme : « Moi aujourd'hui, sincèrement, lors de la visite, je demande un avis. Je demande un avis lors d'une estimation, je demande un avis lors d'une vente. Je demande un avis aux acquéreurs et aux vendeurs lors d'une délégation avec un confrère, je demande un avis, c'est normal. » (agent immobilier, Île-de-France).

Il faut souligner la pratique d'un des entrepreneurs interrogés, qui n'utilise pas les avis clients, mais donne aux nouveaux clients les coordonnées des clients satisfaits avec leur accord pour que les gens s'appellent entre eux. Pratique certes assez directe, mais porteuse de biais cognitifs importants selon nous. En effet, il faut garder la maîtrise du discours, un avis client écrit et publié est beaucoup plus gérable sur la durée et surtout il est visible !

Ainsi, certains considèrent que les avis clients sont parmi les éléments les plus constitutifs de la construction de sens avec le client.

Enfin, pour terminer cette partie consacrée à la recherche de sens et de confiance, n'oublions jamais que l'immobilier est un métier de service, et tout naturellement la digitalisation concourt à rendre ce service au client, mais « elle n'a pas à se suffire à elle-même ». Quoi qu'il en soit, l'aspect fondamental d'un service, c'est qu'il faut le rendre et surtout « ne pas se réfugier derrière les outils ».

C'est fondamentalement la posture de nos entrepreneurs d'agences digitales : ils ont bien compris que la mise à disposition d'outils ne suffisait pas et que c'est grâce à leur action concomitante qu'ils peuvent légitimer leur modèle : « Il faut d'autant plus tenir ses promesses vis-à-vis du client que l'on met à disposition des outils qui suscitent le fait que le client soit acteur de sa relation avec mon agence. »

Pour conclure cette partie, nous faisons nôtre que « l'enjeu de la digitalisation est de créer une communauté de confiance autour des outils de l'agence ». (agent immobilier, Grenoble)

Les facteurs clefs de succès

Quels facteurs clefs de succès finalement pour l'expérience client au sein d'une agence immobilière digitale ?

En fait, les professionnels interrogés sont assez cohérents dans l'ensemble et se rejoignent sur beaucoup de points. Les éléments essentiels qui reviennent systématiquement sont : professionnalisme, disponibilité, transparence, pédagogie, qualité des outils, considération pour les équipes et management, formation, agilité. *A priori*, ces points distinctifs ne sont pas très différents de ceux exigés pour les agences plus traditionnelles, à l'exception notable, qu'au sein d'une agence digitale, il est vital que ces éléments soient présents, car l'absence de locaux commerciaux exacerbe leur exigence. En effet, l'intangibilité du modèle digital nécessite l'absolu respect de ses facteurs clefs de succès.

Professionnalisme et disponibilité

Toutes les personnes que nous avons interrogées considèrent avant toute chose qu'il est vital d'être compétent dans son métier, de disposer du savoir-faire nécessaire afin de pouvoir répondre aux besoins des clients : « Plus on va montrer notre professionnalisme et plus ça va donner l'envie de nous choisir. » Surtout quand une grande partie des échanges va se dérouler à distance. « Il faut être à l'écoute pour savoir répondre à toutes les interrogations de nos clients. »

Le modèle digital ne peut pas se contenter de certaines mauvaises habitudes prises parfois dans les agences vitrées. Il faut absolument être disponible à tout instant pour répondre à l'exigence d'immédiateté imposée par la digitalisation. À quoi bon être digitalisé, si c'est pour ne pas répondre aux demandes des clients le plus rapidement possible ? « Il faut apporter toujours un service client de qualité. Il faut être disponible et il faut faire son métier. »

À ce niveau, il conviendra, pour le responsable d'une agence digitale, de veiller à la santé physique et mentale des collaborateurs, et ceci encore plus que pour une agence traditionnelle. Comme le souligne Gardes (2019, p. 102), une telle orientation service appelle des comportements d'intendance (Schepers *et al.*, 2012), qui peuvent rapidement conduire à des situations de stress importantes pour les acteurs.

Cependant, nous ne pouvons nier que la digitalisation génère souvent une inflation de mails, et c'est un sujet encore plus prégnant pour les collaborateurs d'agences digitales, uniquement reliés à leurs contacts par mail ou téléphone… Et il n'y a pas aujourd'hui de solution miracle, sauf à attendre l'apparition d'outils à base d'Intelligence Artificielle qui saura traiter une partie des demandes.

À ce titre, la meilleure réponse actuelle est la mise à disposition de « mails types » de réponses afin d'aider au mieux les collaborateurs. Concernant les outils à base d'I.A., cela ne saurait trop tarder au vu de l'évolution de la technologie.

Transparence

Elle est indispensable pour créer la confiance et donner du sens à la relation client : « Transparence sur les coûts, transparence sur services. » Ce souci de transparence est lié au fait d'être un bon pédagogue : il faut savoir expliquer au client ce qui se passe et ce qu'on fait pour lui : « Déjà, il faut être un bon pédagogue ! » Le paradoxe est que l'absence de local commercial peut rendre l'agent immobilier digital « transparent » par rapport aux agents vitrés. Dès lors, il convient pour l'agent « non vitré » de mettre en valeur à tous les moments de l'expérience client, tous les services et les outils qu'il déploie pour son client.

Sa valeur ajoutée perçue sera proportionnelle à toutes les attentions portées au client pendant le parcours d'achat ou de location. Dire ce que l'on fait et faire ce que l'on dit, ce principe est d'autant plus important pour un agent immobilier digital. Cela permettra par ailleurs, une justification des honoraires plus facile.

Pédagogie

L'introduction de la digitalisation dans une organisation, et surtout si le modèle est 100 % digital, impose de faire preuve d'une pédagogie de tous les instants avec les clients. Il faut présenter les outils aux clients, mais aussi et avant tout, il est nécessaire de bien présenter aux clients le modèle de l'agence non vitrée, afin que ceux-ci fassent bien la différence avec un réseau de mandataire de type « IAD ».

Naturellement, le client n'est pas au fait de l'existence de modèle d'agence immobilière digitale et donc non vitrée, il faut bien se le rappeler : « Il faut bien expliquer pour que les clients comprennent l'idée. »

La pédagogie peut avoir pour effet de « conscientiser » le client et ainsi, de lui faire comprendre qu'il a tout intérêt à passer par l'agence même digitale, plutôt que de se lancer seul dans l'aventure d'une vente immobilière par exemple.

Choix d'outils digitaux pertinents

Il est primordial pour tous nos entrepreneurs : c'est de la qualité des outils dont va dépendre essentiellement la qualité des services proposés et rendus aux clients. À ce stade, il convient de rappeler que souvent ce sont les outils qui vont dicter l'organisation de l'entreprise : « La technologie dicte les usages, mais aussi les usages internes. » D'où le fait de bien le mesurer, car souvent il va falloir concevoir l'organisation de l'entreprise à l'aune des outils utilisés.

Ici, il faut veiller à ce que le logiciel métier soit suffisamment ouvert pour être totalement compatible avec les outils « connexes » dont va se doter l'agence digitale. Nous rappellerons pour mémoire les outils incontournables : site Internet responsive design, portail d'annonces *ad hoc*, signature électronique, visite virtuelle, etc. (*cf.* plus haut).

Management

Le management des équipes et surtout la considération pour ses collaborateurs sont d'autant plus importants dans les agences non vitrées. En effet, le collaborateur est souvent seul sur le terrain, sans forcément avoir un point d'ancrage auprès de l'agence puisque celle-ci ne dispose pas de locaux. À ce niveau, tout l'enjeu de l'entrepreneur digital est de bien maîtriser le management de ses équipes à distance, comme le font les réseaux de mandataires. À ce niveau, l'agence digitale de proximité possède un avantage par sa taille réduite en termes de collaborateurs et sa zone de chalandise limitée. Ainsi, il est plus aisé pour le responsable de l'agence d'avoir des relations suivies et régulières avec son équipe.

Tout du moins dans la version Bêta de l'agence digitale, car il nous faut dire que de plus en plus d'agences non vitrées se dotent au fil du temps de bureaux, souvent à l'étage d'immeubles, afin de pouvoir rassembler les équipes et recevoir les clients. Pour ce faire, l'idée est d'avoir autre chose que des bureaux classiques, mais d'avoir un espace spécifiquement aménagé, « magnifié » comme étant un espace « privé ». Non pas sur le modèle d'une agence classique, mais avec un aménagement qui porte les valeurs de l'entrepreneur que ce soit pour ses équipes ou pour ses clients. Disposer d'un lieu où le manager de l'agence digitale peut rassembler son équipe permet à ce dernier de pouvoir organiser des moments d'échanges importants, surtout quand les collaborateurs effectuent leurs missions le plus souvent seuls sur leur secteur. En effet, même si les outils collaboratifs ont toute leur utilité pour une agence digitale, rien ne pourra remplacer le contact humain dans un métier… où l'humain est au centre du système.

Ironie de l'histoire, nous retrouvons là le concept de l'agence immobilière prévalant avant l'irruption des franchises qui ont imposé le modèle du succursalisme… Modèle d'affaires digital et locaux dédiés et magnifiés, nous retrouvons le concept de phygitalisation de l'agence immobilière, cher à Gardes (2019, pp. 144-145).

Formation

Par ailleurs, il nous faut souligner cet élément des facteurs clefs de succès tels qu'identifiés par nos entrepreneurs digitaux, c'est le souci de la formation. Tous ont répété que le modèle de l'agence non vitrée impose encore plus de compétences au professionnel et dès lors, celui-ci est dans l'obligation de maintenir son niveau de compétences et de connaissance au plus haut : « il faut aussi être à jour de ses connaissances et se former constamment », « il faut être bien formé », « il faut suivre de vraies sessions de formation avec de vrais formateurs ». L'absence de locaux ne suppose pas l'absence de connaissances et de compétences, surtout dans un métier surréglementé (Cheminant, 2023, pp. 39-56).

Cette précision est importante, notamment s'agissant des formations strictes aux outils dont l'agence digitale se dote. En effet, force est de constater que bien souvent, les formations proposées par les fournisseurs n'en sont pas ou consistent simplement en de simples « prises en mains ». Or, il est vital de bien former les collaborateurs aux outils qu'on met à leur disposition. Il en va de leur capacité à se les approprier. Est-il bon de rappeler que tous les titulaires de cartes professionnelles permettant l'exercice d'un ou plusieurs des métiers dits loi Hoguet ont depuis la loi ALUR l'obligation de se former, de même que leurs collaborateurs habilités (décret n° 2016-173 du 18 février 2016). Et ceci à raison de 42 heures tous les trois ans.

Agilité

Un dernier élément essentiel dans les facteurs clefs de succès, tels que nous avons pu les identifier à la suite de nos rencontres, c'est l'agilité de l'agence non vitrée. Certes, cette agilité est là par essence, car dans ce modèle, nul local commercial, implanté à un endroit fixe et qui doit faire avec les aléas d'un marché qui peut se déplacer au gré du développement d'une agglomération et de son économie. Le déclin économique a souvent créé des déserts industriels où l'emploi devient rare et la recherche de logement encore plus…

Le modèle de l'agence non vitrée élimine ce problème par définition, car les coûts de structure y sont très faibles et par définition, l'orientation vers un nouveau marché beaucoup plus facile et sans l'inertie liée à des locaux physiques : « S'il y a une leçon à tirer des agences non vitrées, c'est que la conquête des zones de chalandise ne passe pas forcément par la multiplication des succursales qui, par définition, pose un problème de rentabilité. »

L'agilité du modèle non vitré des réseaux de mandataires leur a permis de conquérir des parts de marché non négligeables dans les zones péri-urbaines et rurales où les agences vitrées, traditionnellement implantées dans des agglomérations plus urbaines, ne prospectaient pas, ou pire ne voulaient pas s'investir… Il est vrai que le prix moyen des biens dans ces zones était plus bas et donc générateur potentiel de moins de chiffre d'affaires et donc d'honoraires. La réussite des grands réseaux de mandataires de type IAD a également été le fait de ce renoncement des agences vitrées.

Par définition, le modèle non vitré porte en lui l'agilité et la souplesse d'adaptation qui permet la réalisation et l'optimisation de l'expérience client, même dans des zones très éloignées des centres-villes. Car tous les Français n'habitent pas en zone urbaine ! Ainsi, 33 % de la population vit encore en espace rural, de même que 24 % en espace péri-urbain (INSEE, mai 2021). Mentionnons pour mémoire que l'agilité est souvent liée à la transformation numérique, et nos agences digitales en sont une illustration : adaptabilité et réactivité au marché, autonomie et responsabilité des équipes, informatisation et numérisation du parcours client, etc.

Ainsi, les agences non vitrées, par leur agilité « naturelle », ont un avantage décisif face aux aléas de la tenue d'un marché, c'est ainsi « la capacité… grâce à la digitalisation, d'occuper le terrain et d'avoir une action de conquête/repli quand ça va mal ».

Force est de constater que ces facteurs clefs de succès peuvent apparaître finalement comme assez proches de ceux qu'on pourrait imaginer pour une agence traditionnelle, indépendante ou franchisée. Cependant, la caractéristique fondamentale de l'agence digitale, c'est qu'elle repose prioritairement et essentiellement sur la personnalité et le charisme de son ou de sa dirigeante, et pas sur une enseigne accrochée à la façade de locaux attractifs : « Il ne faut pas avoir peur de se montrer », cette assertion résume assez bien la position que doit prendre tout entrepreneur à la tête d'une agence digitale, car c'est sa propre incarnation qui fera sa réputation et justifiera de son choix par les clients.

Enfin, nous pouvons résumer cette identification des facteurs clefs de succès, et boucler la boucle par le verbatim suivant :

« Toujours rechercher l'expérience client, coller aux aspirations clients. La clé, elle est là. Le client au centre du process. Oui, parce que beaucoup trop de projets se trouvent au niveau de l'intérêt de l'entreprise et l'intérêt de l'entreprise, le client s'en moque. » (agent immobilier, Toulouse).

Conclusion

Nous avons tenté de démontrer les particularités de l'expérience client liée à une agence digitale. En résumé, le fait de ne pas avoir de locaux commerciaux en pied d'immeuble contraint ces professionnels à se doter d'une panoplie d'outils digitaux incontournables et d'utiliser toutes les possibilités de communication liées aux nouveaux points de contact, sans oublier de continuer à savoir optimiser les outils de communication plus traditionnels.

Cependant pouvons-nous nous poser la question fondamentale du développement du succursalisme immobilier qui a conduit les agences immobilières à se multiplier depuis les années quatre-vingt, tout comme les agences bancaires l'avaient fait au seuil des années soixante-dix ?

Si l'on observe la disparition drastique des succursales bancaires, liée notamment à l'ultra digitalisation de ce secteur, il est peut-être temps de se demander si ce revirement de tendance ne pourrait pas à son tour gagner le secteur de l'immobilier ? Certains affirment ainsi que « dans 5 à 10 ans, il y aura plus de vitrines digitales que de vitrines physiques ».

L'expérience client, nous l'avons démontré, n'est pas dévalorisée dans les agences digitales, au contraire, les entrepreneurs y sont souvent riches de beaucoup d'idées nouvelles, voire d'innovations pour enchanter l'expérience client d'une façon différente certes, mais avec des résultats largement comparables en termes de réussite commerciale.

Ne nous y trompons pas, le modèle des agences non vitrées est désormais ancré dans le paysage immobilier, les coûts liés au fait d'avoir un local commercial sur rue deviennent souvent beaucoup trop élevés pour un secteur économique où une très grande majorité des acteurs réalisent moins de 300 k€ de chiffre d'affaires annuel avec des marges très variables, souvent affaiblies par des coûts salariaux élevés.

L'agilité du modèle d'agence digitale est en train lentement de prouver sa viabilité, à condition que soient respectés tous les critères que nous avons pu évoquer ici, et en tout premier lieu l'accompagnement du client : « C'est le client qui me nourrit. Si la digitalisation répond à son attente, elle est bonne. Si en plus, elle me fait gagner du temps pour me consacrer davantage à mes équipes et à mes clients : c'est super ! » (agent immobilier, Île-de-France).

Enfin, prenons simplement le temps de réfléchir à nos propres expériences avec les professionnels de l'immobilier, posons-nous la question de savoir combien de fois nous avons franchi le seuil d'une agence immobilière dans le cadre d'une recherche de bien à l'achat ou à la location.

Nous avons fait une courte recherche autour de nos connaissances, à titre de simple retour d'expérience. Le résultat est constant : en se retournant sur nos propres vécus, nous arrivons pour toutes les personnes considérées à une, voire deux visites, et parfois zéro dans des expériences de location car tout s'est fait à distance. Surprenant ? Cela mériterait une enquête plus poussée.

Plus globalement, ce que nous pouvons avancer à l'aune de notre expérience et de nos recherches, c'est que l'émergence des outils digitaux dans le secteur immobilier est un fait avéré et qu'une immense majorité de clients les utilisent, ou les réclament quand ils ne sont pas là ! Dès lors, peut-être que les agences non vitrées ou digitales ont tout simplement anticipé une tendance lourde qui fait que dorénavant, le passage dans les locaux d'un professionnel de l'immobilier ne se fera qu'épisodiquement et dans des circonstances particulières (signature de mandat, de compromis, etc.). Dès lors, le modèle digital doublé de bureaux en « étage », j'oserai dire « à l'ancienne », ce qui semble un paradoxe pour un modèle dit innovant, trouve toute sa légitimité et avec des coûts largement inférieurs à la logique du succursalisme immobilier.

Ces pionniers d'une nouvelle expérience client sont les précurseurs d'un nouvel univers immobilier pas si virtuel, mobilisant tous les outils digitaux possibles au service de relations interpersonnelles beaucoup plus incarnées et chargées de sens, dans un climat de confiance riche de certitudes et de compétence : « C'est l'homme qui fera la différence. » (agent immobilier, Île-de-France)

Bibliographie

Armstrong G., Kotler P. *et al.*, (2023), *Principles of marketing*, 15e éd, Pearson.

Barlatier, P. (2016). Management de l'innovation et nouvelle ère numérique : Enjeux et perspectives. *Revue française de gestion*, 254, pp. 55-63.

Cheminant, T., Rasolofo-Distler, F. & Husson J. (2021). Continuité pédagogique, innovation en formation et e-learning : le cas de l'École Supérieure de l'Immobilier. *Projectics / Proyéctica / Projectique*, 29, 75-86. *https://doi.org/10.3917/proj.029.0075*

Cheminant T. (2022). « Choisir son modèle d'agence : indépendante, franchisée ou digitale ? », dans : Rasolofo-Distler, *Entreprendre dans l'immobilier*, Dunod, pp. 31-62.

Cheminant T. (2023). « Pratique de l'immobilier et innovations digitales : retours d'expérience », in : Chatry et Rasolofo-Distler (sous la direction de), *L'immobilier face aux défis du numérique – Aspects juridiques et managériaux*, éditions Mare & Martin, pp. 179-198.

Côté C. & Boulet H. (1996). Les compétences des clients et de leurs familles : des ressources à utiliser davantage, Intervention vol. 102, pp. 91-100.

Crowston, K. & Wigand, R.T. (1999). Real estate war in cyberspace: An emerging electronic market? *International Journal of Electronic Markets*, 9, 1-2, 1-8.

Darmon, R.Y. (2001). Quel avenir pour la vente en face à face ? Gestion, 3, 26, pp. 53-60.

Demil, B., Lecocq, X. & Warnier, V. (2019). 9. Le business model en management stratégique, in : Sébastien Liarte éd., *Les grands courants en management stratégique*, EMS Éditions, pp. 249-280.

Distler F. (2023). « Quand le client est un expert : place et rôle de l'agent immobilier », *Projectics / Proyéctica / Projectique*, vol. s, no. HS, pp. 89-105.

Edelman D., (2010). « Branding in the digital age: you're spending your money in all the wrong places », *Harvard Business Review*, 88(12): pp. 62-69.

Gardes N. (2019). Digitalisation du secteur de l'immobilier : la proposition de valeur phygitale au cœur de la performance, *La revue des sciences de gestion*, n° 299-300, pp. 133-146.

Larceneux F., Parent H. (2023). *Marketing de l'immobilier*, 4e éd., Dunod.

Lavayssière, B. (2015). Les modèles économiques bouleversés par le digital, *Revue d'économie financière*, 4(4), pp. 57-66.

Lecocq, X., Demil, B. & Warnier, V. (2006). « Le Business model, un outil d'analyse stratégique », *L'Expansion Management Review*, n° 123, hiver, pp. 96-109.

Medioni, S., Benmoyal Bouzaglo, S. (2018). *Marketing digital*, Dunod.

Siadou-Martin, B. (2018). Digitalisation et gestion de la relation client : quelles voies de progrès pour les acteurs de l'immobilier ? In : Rasolofo-Distler F. (sous la direction de), *Manager l'immobilier dans la complexité*, Presses Universitaires de Nancy – Éditions Universitaires de Lorraine, pp. 39-56.

Straker K., Wrigley C. & Rosemann M. (2015). « Typologies and touchpoints: designing multichannel digital strategies », *Journal of Research in Interactive Marketing*, 9, 2, pp. 110-128.

Torrollion J. M. (2018). « Préface », dans : Rasolofo-Distler (sous la direction de), *Manager l'immobilier dans la complexité*, Presses Universitaires de Nancy – Éditions Universitaires de Lorraine (p. 9).

Vanheems R. (2010). Quand le client multi-canal invite à réinventer le marketing du point de vente, XVe Journée de Recherche en Marketing de Bourgogne, Dijon.

Weick, K. E., (1995). *Sensemaking in organization*, Thousand Oaks, CA, Sage Publications.

Weick, K. E. (2001). *Making sense of the organization*, Oxford, Blackwell Publishers.

Chapitre 4

Repenser la relation client : vers une symétrie d'information et d'intention

Par Frédéric Distler

Les usages digitaux font désormais partie intégrante de l'acte d'achat immobilier. Ainsi, la plupart des prospects utilisent désormais les services en ligne ou les outils digitaux pour leur projet immobilier, (Larceneux & Parent, 2023). Le recours au digital porte d'abord sur la recherche de bien immobilier ou la recherche d'information liée au projet immobilier. Le client est alors plus informé et armé pour entrer en relation avec les professionnels et les vendeurs particuliers. S'agissant de l'apport du digital dans l'acte d'achat ou d'investissement, les acquéreurs considèrent qu'il apporte plus de choix en amont et qu'il facilite l'achat, et pour 82 % d'entre eux, qu'il favorise une information précise et de qualité selon Mignot (2019). Pour autant, cet usage massif et généralisé des outils digitaux conduit-il tous les clients à devenir « experts » dans le champ du marché immobilier ? Le client devenu expert conduit-il les professionnels à modifier leur rôle, leur rhétorique et leur technique de vente ? Va-t-on vers une symétrie d'information ? C'est à ces questions que nous allons tenter de répondre en pointant le fait que le client joue un rôle désormais prégnant dans l'acte d'achat ou de vente et qu'il faut alors maintenant compter avec lui.

Le client est ainsi un allié dans le processus commercial ravalant le vendeur au rôle de conseiller-accompagnant (Dumont, 2001). Ce dernier ne détient plus le monopole d'accès au savoir du fait de la généralisation et démocratisation de l'usage du numérique dans notre société. Le professionnel a affaire désormais à un client qui dispose d'une rente cognitive (Bourbon, 2020). Cette dernière est construite à travers son investissement dans ses recherches et investigations dans le secteur immobilier. Cela se traduit par la réduction de l'asymétrie d'information client-professionnel, voire par son basculement du côté du client. Certains d'entre eux sont ainsi plus connaisseurs que le professionnel en charge de représenter un produit, un service et de le vendre.

Pour réaliser ce travail, nous avons débuté notre investigation par une phase de recherche exploratoire au cours de laquelle nous avons procédé à une revue de la littérature : publications scientifiques ou académiques, littérature « grise » (revues de vulgarisation, consultation de sites Internet) et interviews d'acteurs parties prenantes. Nous avons ainsi réalisé des entretiens exploratoires avec six professionnels de l'immobilier. L'objectif de cette phase exploratoire était de définir une problématique.

La deuxième phase a été consacrée au recueil de matériaux selon le principe de triangulation, c'est-à-dire le recours à plusieurs techniques de recueil de données afin d'obtenir des formes de matériaux variés : recueil de discours par des entretiens semi-directifs, visite de sites Internet spécialisés, lecture d'ouvrages et articles relatifs au management de l'immobilier et à la relation client, consultation de revues professionnelles.

La troisième phase d'analyse et d'interprétation des données a abouti à la présentation de notre chapitre d'ouvrage dans lequel nous formulons des observations pour une relation client transformée par l'usage des outils digitaux.

La problématique qui découle de notre travail exploratoire consiste ainsi à questionner l'apport des technologies digitales dans la réduction de l'asymétrie d'information professionnels-clients et leurs effets dans la relation client.

Nous allons examiner dans un premier temps les transformations qu'opère la digitalisation dans les rapports clients-professionnels. Dans un second temps, il sera question de l'adaptation des professionnels aux demandes client à travers leur rente cognitive, c'est-à-dire le capital savoir et savoir-faire. Enfin, dans un troisième temps, nous aborderons les modalités de l'accompagnement client à l'ère du digital. Nous conclurons ce chapitre par une mise en perspective des qualités humaines que déploie le professionnel face au client informé.

La digitalisation de la relation client

L'essor du digital a permis aux professionnels de l'immobilier de gagner en visibilité, et de toucher une audience plus large, grâce aux moteurs de recherche et aux réseaux sociaux qui comptent environ 3,5 milliards de personnes, soit 45 % de la population mondiale, avec une progression de 288 millions de nouveaux utilisateurs au cours de l'année écoulée (Mignot, 2019). On peut parler de cible conséquente, à portée de clic ! Les réseaux sociaux ont su se rendre indispensables à la stratégie des acteurs de l'immobilier. Par leur approche interactive avec l'utilisateur et par leur contenu à la fois textuel et visuel, ils permettent d'aller plus loin pour répondre à un client toujours plus exigeant. En effet, le numérique a bouleversé notre rapport au monde et aux gens, quel que soit le secteur d'activité, les entreprises sont sommées de digitaliser leurs processus ou disparaître du marché. La plupart des personnes utilisent désormais les outils connectés. Elles communiquent, s'informent, comparent et définissent des choix au regard des produits ou services. Le client n'est plus passif, il est devenu actif et acteur de ses achats et utilisations de services.

Hyperconnecté, le client a des exigences et des attentes bien spécifiques comme la qualité du produit ou du service rendu à travers la relation client, la réactivité et la précision de la réponse aux questions. Le client, omnicanal, devient omniscient et se construit une position dominante dans le processus commercial de l'entreprise. Face à ce client hyperconnecté, augmenté dirions-nous, exigeant et stratège car il dispose de pouvoirs d'influence sur les réseaux sociaux, l'entreprise doit repenser sa relation client en investissant dans la digitalisation de ses processus et services et notamment dans l'expérience client qu'elle produit au quotidien.

Le processus de digitalisation induit une symétrie d'information entre le client et le professionnel.

La digitalisation de la relation client vise à optimiser l'interaction entre l'entreprise et ses clients à travers l'utilisation de technologies numériques selon Bouchez (2016). L'auteur identifie quatre enjeux clés :

- *Amélioration de l'expérience* (personnalisation, réactivité, autonomie du client). Il est question de la satisfaction client selon le degré de digitalisation de la relation.
- *Optimisation des processus* : réduction des coûts et gestion de données pour mieux comprendre les comportements des clients et affiner les actions marketing.

- *Engagement et fidélisation du client* : maintenir et améliorer les relations avec les clients par des interactions régulières et pertinentes via les multiples canaux de communication (omnidigitalité). Mais défi de la confiance et de la confidentialité de données.
- *Renforcement de la marque* : utilisation des interactions en ligne pour façonner l'image de marque et communiquer directement sur les valeurs et les missions de l'entreprise.

Digitaliser son entreprise pour un dirigeant, c'est le fait de pouvoir répondre aux attentes et aux besoins de ses clients en adaptant son entreprise aux nouvelles technologies digitales. Ces technologies permettent en outre de dématérialiser les moyens de communication dans l'objectif d'atteindre des interactions de qualité avec les clients (Bouchez, 2016).

La digitalisation de tous les secteurs économiques et sociaux a pour effet d'orienter les habitudes clients vers plus d'autonomie et de savoirs sur le produit et service. La plupart des entreprises ont ainsi pris le virage de la digitalisation ces vingt dernières années dans l'objectif de répondre à ces paramètres clients pour adapter leur réponse au regard d'un modèle de satisfaction client.

Le retour client est un enjeu central dans la digitalisation de l'entreprise. En effet, les demandes et réponses sont exploitables instantanément, permettant à l'entreprise d'adapter son offre et ainsi de mettre en place des services spécifiquement créés pour optimiser l'expérience utilisateur.

La communication avec les clients est le cœur de l'activité commerciale de l'entreprise. La mise en place d'un site web, la présence sur les réseaux sociaux, l'utilisation des messageries instantanées sont par exemple des outils qui favorisent et améliorent grandement la relation client-entreprise. Dans le secteur de l'immobilier, souvent, avant de contacter l'entreprise, le client a fait des démarches sur les sites Internet pour s'informer et s'orienter sur le marché des biens. Il a fait pourrait-on dire un travail préparatoire de sélection de son bien. Reste à le finaliser avec un professionnel. Ainsi, les clients ont le choix du canal et du moment de l'entrée en relation avec une entreprise (Bouchez, 2016).

Pour l'entreprise, digitaliser ses fonctions c'est être en mesure de se constituer une base de données clients mise à jour et exploitable. Cette possibilité technique permet à l'entreprise de colliger des données clients afin de créer des profils et de les suivre dans leur itinéraire afin d'adapter les offres à leur demande. Il s'agit là d'être réactif et de coller au plus près aux demandes changeantes.

La valorisation de son enseigne est également un enjeu fort dans le processus de digitalisation. La présence sur les réseaux sociaux, le site web et l'interaction en continu avec les internautes offrent la possibilité à l'entreprise de gagner en popularité et ainsi de renforcer sa notoriété.

Nous avons recueilli les propos d'un responsable d'agence immobilière qui s'est tourné vers le tout digital tout en ayant le souci de garder des relations clients physiques. C'est le cœur de notre métier avance-t-il.

Pour Monsieur Marc, il est important que l'agence connaisse bien ses clients. « En effet, le client c'est notre gagne-pain, analyser son comportement dans le but d'appréhender ses attentes reste essentiel dans la relation client que l'on souhaite développer. Il s'agit de connaître ses habitudes, d'anticiper ses demandes, de connaître ses heures de connexion, pour cela, il faut créer un profil entreprise sur les réseaux sociaux, être réactif, car il s'agit de répondre quasi instantanément à la demande sinon le client va ailleurs, à la concurrence et ça c'est désastreux pour l'image de l'agence. »

En outre, digitaliser son entreprise ne veut pas forcément dire moins de relation client en interaction physique. Il est vrai que les clients souhaitent plus de rapidité, de réactivité, mais pour autant ils veulent du qualitatif dans le service rendu, c'est-à-dire de l'écoute, de l'attention au projet, de l'accompagnement et de l'empathie vendeur. En fait, c'est de l'humain dont les clients ont le plus besoin au final, car acheter un bien c'est engager du capital, c'est parfois s'engager pour la vie, alors le client ressent le besoin d'un lien physique avec une personne qui saura le guider et le conseiller dans son projet immobilier. Pour cela il faut choisir et utiliser les bons outils pour une relation client réussie. Voici quelques outils couramment utilisés par les entreprises selon Bouchez (2016) :

- Un des premiers évoqués par les responsables d'entreprise est le CRM (*Customer Relationship Management*). Il vise à développer et optimiser les interactions de l'agence avec ses clients ou prospects. Il regroupe les données clients, fournisseurs et prospects, et permet en outre d'ajuster le discours commercial afin d'optimiser les actions, capter les leads et fidéliser le parc client existant.
- La FAQ, pour « foire aux questions », désigne un outil qui centralise les questions/réponses le plus fréquemment posées par les clients et prospects. Simple page web accessible sur le site de l'entreprise, la recherche peut être simplifiée et rendue plus intuitive avec une barre de recherche dotée d'un traitement automatique de langage naturel (TALN). L'utilisateur peut alors taper sa requête, question ou mot-clé, dans la barre de recherche et obtenir une réponse de manière immédiate.
- Le chatbot est un robot qui propose une conversation automatisée avec l'utilisateur sur le web. Celui-ci peut alors discuter avec le robot en temps réel et obtenir des réponses pré-enregistrées. Le robot utilise donc un langage naturel pour répondre instantanément aux requêtes de l'utilisateur. Il est judicieux d'optimiser la configuration du chatbot en implémentant régulièrement de nouvelles questions/réponses. L'expérience utilisateur n'en sera que meilleure et le service client plus performant.
- La box d'aide personnalisée désigne un outil qui permet d'anticiper les problèmes des clients. Les questions sont déterminées à l'avance, tout comme leurs réponses. L'outil propose des solutions en mettant en avant une page de navigation avec une action à effectuer. La box d'aide personnalisée permet de fluidifier le parcours client et d'améliorer la conversion.

- Les solutions communautaires prennent la forme de plateformes sur lesquelles une communauté s'entraide en partageant son expertise sur un sujet. Un utilisateur peut alors poser sa question et un autre utilisateur, expert du sujet, pourra y répondre. Ce principe permet de créer et de fidéliser sa communauté sur un espace dédié.

Selon une responsable de plusieurs agences immobilières : « Les gens n'aiment pas attendre, que ce soit pour acheter ce qu'ils souhaitent ou pour obtenir une réponse à leur question. Grâce aux outils digitaux, la satisfaction client est largement améliorée, impactant ainsi positivement la fidélité de ceux-ci envers l'entreprise. Parce qu'ils peuvent gérer eux-mêmes leur offre, trouver simplement et efficacement une réponse à leur problématique, ou bénéficier de l'aide de véritables experts à un moment qui leur convient, les utilisateurs plébiscitent largement le recours à ce type d'outils. »

Nous avons sélectionné trois cas illustratifs de la préoccupation par les professionnels de l'intérêt de digitaliser leur entreprise pour répondre aux multiples demandes et exigences clients.

Le cas du syndic en ligne

Nous prenons comme exemple le cas d'un syndic en ligne pour mettre en exergue l'utilisation optimale et extensive de l'outil numérique dans la gestion de la relation client (copropriétaires) et les modalités relationnelles clients-entreprise engendrées par cette forme technique. Il s'agit de dématérialiser les relations pour gagner en performance organisationnelle et financière comme l'indique Madame Vincent, créatrice d'une agence immobilière dématérialisée : « Le tout digital a ses avantages et inconvénients, il permet un gain de productivité en termes de temps et d'exploitation des données mais il gomme toute relation humaine physique, il faut donc pouvoir concilier proximité, réactivité et humanité du service rendu au client, c'est un équilibre à trouver dans la relation client. »

Les clients, ici les copropriétaires, disposent des outils numériques pour cogérer leur bien avec le syndic. En effet, celles et ceux qui ont fait appel au syndic en ligne disposent déjà de compétences numériques. Une des raisons invoquées par les copropriétaires dans le choix de l'agence en ligne est l'argument du coût. En effet, l'agence propose des services à bas coût en comparaison d'une agence physique. Nous voyons ainsi que le coût et la compétence numérique sont les deux facteurs qui orientent le choix vers ce type de prestation. Le client est cogestionnaire de son bien, il y a coproduction des savoirs entre le gestionnaire et le client. Dans ce cadre le client dispose de connaissances pratiques, techniques et juridiques dans l'acte de gestion de son/ses biens. Ce client est dit ici cogestionnaire.

Le cas de l'agence phygitale

Le terme « phygital » est la contraction des mots « physique » et « digital ». Dans le champ de l'immobilier, il désigne toutes les stratégies consistant à insérer des méthodes digitales dans un point de vente physique afin d'augmenter les ventes tout en proposant au client la meilleure expérience possible (Gardes, 2019). Cette approche stratégique conjugue la vente traditionnelle et le digital, elle renvoie à un point de vente physique qui intègre les processus, méthodes et possibilités du digital, tout en restant axée sur les besoins et les envies des consommateurs. Le phygital consiste donc à réussir une combinaison entre l'univers virtuel et l'univers physique en vue de tirer le meilleur profit des deux univers pour les parties prenantes.

Pour Monsieur Michel, gérant de l'agence immobilière phygitalisée, « le phygital simplifie et personnalise l'expérience client, depuis la recherche d'un bien jusqu'à l'achat, en passant par la comparaison et la sélection du bien. Cela permet d'économiser du temps, car tout le processus est simplifié, de l'énergie et souvent de l'argent sont économisés. Pour les clients vendeurs, le phygital lui permet de suivre en temps réel l'avancée de son projet immobilier. »

Lorsque les clients arrivent en agence, ils sont déjà très informés et sont en attente de réels services qu'ils ne peuvent pas toujours trouver sur le web. L'agence immobilière phygitale enrichit ses points de vente physiques en y intégrant des dispositifs digitaux : site Internet, communication sur les réseaux sociaux, visites virtuelles, vitrine connectée, tablettes, drone, etc.

Selon Monsieur Michel, « casser la frontière entre le physique et le digital est indispensable pour créer un parcours client fluide et une expérience satisfaisante ». Le phygital apparaît ainsi comme une solution très efficace, un concept innovant pour les agences immobilières. Il place les clients au cœur des préoccupations et il permet aux professionnels de renforcer l'évaluation des besoins desdits clients grâce à une connaissance accrue de leurs attentes.

Le cas d'une agence immobilière en transition numérique

La digitalisation de l'agence immobilière nécessite l'adoption d'outils technologiques qui vont bouleverser les processus et les usages actuels au sein de l'entreprise. Aujourd'hui, 90 % des recherches de biens commencent sur le web c'est-à-dire sur les sites spécialisés (Bouchez, 2016).

Selon une gérante d'une agence immobilière, « notre agence a longtemps résisté aux sirènes de la digitalisation. Mais le rouleau compresseur est là, il se manifeste par la concurrence, par les exigences clients, par les exigences des parties prenantes, dont nos collaborateurs en premier lieu. En fait vous pouvez difficilement échapper à cette technologie qui fait partie du quotidien de tout le monde, sinon vous disparaissez. »

La gérante a alors digitalisé son entreprise par obligation. Elle a accompagné cette transition organisationnelle par la mise en place d'une culture client axée sur la présence physique. L'idée est de ne pas sombrer dans le tout digital mais de garder ce qui fait le sel du métier selon elle, à savoir la relation humaine. Les outils digitaux doivent rester des outils de gestion de la relation client et de traitement des données. Selon la gérante, c'est leur fonction première.

Ces trois modalités organisationnelles induisent une relation client singulière au regard de l'usage croissant de la technologie dans le processus de création de valeur client.

Nous allons tenter d'apporter des éclairages sur les modalités de la construction des savoirs clients produits par l'usage des outils numériques et la fréquentation régulière des canaux spécialisés sur le web.

De l'accès aux ressources à la construction de savoirs clients : vers une symétrie d'information professionnels-clients

Traditionnellement, le professionnel dispose de connaissances et de savoir-faire dont ne dispose pas le client sur un produit ou service. Cet état de fait se nomme l'asymétrie d'information (Akerlof, 1970). En effet, sur le marché des biens et services, l'information est inégalement distribuée. Le professionnel détient alors une rente cognitive, c'est-à-dire un capital savoir qu'il utilisera dans sa relation client (Bourbon, 2020). Or, depuis la démocratisation des outils numériques, les clients ont accès aisément et facilement aux informations. Certains sont même devenus experts du fait de leur investissement dans les recherches d'information sur le produit ou service, c'est le client dit expert (Distler, 2021). Ce dernier est parfois plus pointu que le professionnel lui-même. Ce capital connaissance obtenu pragmatiquement par le client engendre une symétrie d'information et recompose de fait la relation client. En effet, la révolution digitale dans tous les secteurs et notamment immobilier contribue à faciliter les recherches de biens, évaluer en ligne son bien, comparer les prix par régions, faire des simulations d'achat ou de vente, entrer en contact avec les professionnels.

Les annonces immobilières classiques avec quelques photos laissent maintenant place aux vidéos, plus impactantes. Les réseaux sociaux sont mis à profit afin d'atteindre le maximum de cible. Les internautes n'ont plus forcément besoin des portails immobiliers classiques pour concrétiser un projet immobilier. En effet, les nouvelles pratiques numériques ont naturellement suscité de nouvelles attentes clients. Les comportements des utilisateurs ont évolué, Internet et tous les services liés font désormais partie intégrante des comportements d'achat des prospects. Cet univers digital distille une culture de l'être ensemble basée sur l'instantanéité de la transmission d'information. Être connecté est maintenant une évidence. La recherche d'information sur la toile et sur les sites spécialisés conduit à se construire un savoir qui guide l'orientation vers le bien convoité et renforce sa capacité de négociation avec le professionnel ou le vendeur/acquéreur (Cheminant, 2022).

Chercher des informations sur la toile, selon Bourbon (2020), ne fait pas de vous pour autant un sachant, un expert, encore faut-il s'approprier l'information, la penser, la mettre en action, l'éprouver dans les interactions. Selon Crié (2003), le processus qui conduit de l'information à la connaissance est complexe et dépend d'un certain nombre de paramètres. Ce processus implique le préalable suivant : obtenir une information précise, spécifique, utile, interprétable, finalisée et non diffusée. La qualité de l'appropriation de cette connaissance va dépendre des capacités du récepteur (Mayère, 1990). Il doit être en mesure de comprendre l'information et de l'articuler avec d'autres pour former une connaissance structurée cognitivement et actionnable (Bourbon, 2020). Il nous reste à comprendre comment se construit le savoir sur les produits et les caractéristiques du marché des clients que l'on peut qualifier d'expert et qui tendent à reconfigurer les liens clients/professionnels.

Nous avons indiqué lors d'une recherche précédente sur le client expert (Distler, 2021) que l'expertise est un savoir et savoir-faire approfondi sur un bien ou un service qu'offre l'entreprise sur un marché.

Ce savoir détenu par le client peut parfois être plus pointu que le professionnel, ce qui a pour effet de redistribuer les rôles dans un processus interactif avec un professionnel (vente, achat, location...). Le professionnel n'est alors plus le seul détenteur de savoirs et dès lors il n'occupe plus la même place dans le déroulement des interactions avec le client. Le professionnel est ainsi parfois cantonné au rôle d'accompagnant et de repère dans le process de vente ou d'achat d'un bien.

Des savoirs construits par le client : quelle forme d'apprentissage ?

L'apprentissage peut se définir comme étant un changement adaptatif du comportement. Ce processus est le fruit de l'interaction du sujet avec son environnement matériel, humain, social et idéel (Gilly, 1995). Selon Piaget (1988), les interactions du sujet avec le milieu physique et social sont primordiales pour la construction/acquisition des connaissances et compétences. En effet, pour Piaget (1988), ce qui est premier dans l'organisation ce n'est ni la totalité abstraite ni les individus qui la composent, mais les interactions de tout ordre et de tout niveau intervenant en son sein, qu'il soit biologique, psychologique ou social. C'est dire l'importance des interactions dans le processus d'acquisition de savoirs. De ce fait, parmi les nombreuses théories de l'apprentissage qui s'inscrivent toutes dans une école de pensée, nous optons pour la théorie dite interactionniste. En effet, le choix de ce modèle explicatif illustre pragmatiquement le processus itératif entre le client et l'outil digital. Le client, ici, cherche plus ou moins intensivement des informations sur les sites en faisant usage de multiples canaux et outils (smartphone, ordinateur portable, tablette...). Ce modèle explicite que la dualité homme/outil/environnement est génératrice de connaissances. Ainsi, l'intérêt, la curiosité, la motivation et les multiples interactions dans la recherche sur les divers supports digitaux et sites spécialisés conduisent à la construction de savoirs et savoir-faire en matière immobilière dans notre cas.

Patrick, fin connaisseur du marché immobilier de la ville de Laval, se targue d'en savoir « plus » que les professionnels qu'il rencontre quotidiennement au cours de ses démarches. Il décrit et analyse son investissement dans la recherche de studios car c'est un investisseur, propriétaire bailleur. En effet, il possède trois studios et souhaite faire l'acquisition d'un quatrième. Les rencontres avec les professionnels et les vendeurs le conduisent à penser que ses savoirs acquis à travers ses investissements dans les recherches d'information et de biens lui procurent un modèle de comportement et un discours approprié pour négocier le prix d'un bien. Il développe des argumentaires techniques, commerciaux, économiques et sociaux pour défendre ses intérêts auprès des acteurs du marché. Or, tous les clients en sont-ils au même stade de connaissance et d'expertise ?

Tous les clients peuvent-ils pour autant se revendiquer « experts » ?

Notre recherche qualitative nous conduit à élaborer une typologie client en matière de savoir dans le champ de l'immobilier. Nous avons ainsi identifié trois types de clients au regard de leur capital cognitif sur le secteur de l'immobilier.

■ Le client expert

Nous définissons le client expert comme disposant d'un savoir pointu, précis et exhaustif sur le marché des biens, leur commercialisation, leurs prix, les modalités de la négociation, en bref sur toute la chaîne de valeur de la vente à l'achat. Ce type de client engage un rapport symétrique avec le professionnel voire dissymétrique au sens où le client dispose parfois d'un capital connaissance plus important et diversifié. Ce savoir est mobilisé dans les interactions avec le professionnel ou le vendeur et pèse sur les négociations et la définition du prix de vente/achat. Une directrice d'agence nous indique :

« Le client dit expert, à la limite, n'a pas besoin de nos services. Il connaît parfaitement le marché, les biens, les tactiques de négociation des prix, parfois la technique du bâtiment, les lois écoénergétiques, le DPE, etc. Face à un tel client, nous sommes à l'écoute et l'accompagnons dans ses démarches. Au final, le client expert, on ne le voit pas, il se débrouille par ses propres moyens. Il se rend sur les sites et réalise ses choix au regard des critères qu'il s'est fixé. »

■ Le client informé

Le client informé détient des informations et connaissances liées à son investissement dans les recherches et les acteurs rencontrés. Il est en capacité de s'orienter sur le marché des biens et d'échanger avec les professionnels et particuliers qui vendent ou achètent. Pour autant, le besoin de conseil et d'éclairage des professionnels reste utile pour se décider. Gilles, agent SNCF, se revendique comme étant bien informé du marché « du pavillon » dans son département et dispose de connaissances solides sur les travaux de rénovation énergétique et sur les taux d'emprunt pratiqués par les organismes financiers. Il déclare que l'aide et l'accompagnement d'un professionnel (agent immobilier dans ce cas) le rassurent et permettent de disposer d'une manière optimale de toutes les informations pour se lancer dans l'achat d'un pavillon. Un manager gestionnaire de patrimoine nous confie les propos suivants :

« Nous sommes souvent face à des clients bien informés sur la gestion de leur patrimoine, sur le marché de l'immobilier, ils font des démarches tous azimuts et se renseignent ainsi sur la gestion de leur patrimoine et les meilleurs placements à effectuer. Oui, ce type de client est autonome mais il cherche à se rassurer à travers un accompagnement professionnel. Ce client mâche le travail du professionnel, ce dernier est une caution dans la gestion de ses biens. »

■ Le client néophyte

Le client néophyte a défini son projet, il souhaite par exemple s'orienter vers l'achat d'un T3 en centre-ville, il a fait quelques démarches pour consolider son projet et s'en remet pour le reste aux professionnels pour chercher, identifier et sélectionner le bien correspondant à ses critères. Le client néophyte se « repose » sur les compétences du professionnel à qui il délègue le soin de rechercher le bien, de négocier, d'établir les formalités jusqu'à la signature de la vente chez le notaire. Un gestionnaire de copropriété nous confie :

« Ce client, selon moi, n'a pas le temps, les compétences et l'envie de consacrer du temps nécessaire à l'acquisition de savoirs et savoir-faire en matière immobilière. Nous, professionnels, sommes ainsi dominants dans le processus d'achat, vente ou gestion de son bien. Il reconnaît que le professionnel dispose de l'expertise nécessaire pour accompagner et gérer la vente/achat/gestion de son bien. »

Ces trois types de clients sont définis et se définissent à partir de leurs compétences en matière immobilière. Ces compétences sont acquises, nous le répétons, à partir d'un certain nombre de paramètres comme l'intérêt pour les recherches sur le web, le souci de comprendre le marché et ses mécanismes de fonctionnement, la volonté de réaliser des gains, la confiance en soi, le souci de faire des économies en « faisant soi-même », etc. Cette liste n'est pas exhaustive, mais elle donne des indications sur les ressorts qui animent les clients dans l'investissement de l'acquisition de savoir en matière de recherche de biens, de connaissance du marché, de connaissance des sites spécialisés pour l'accès aux informations. Ces savoirs vont orienter la relation client-professionnel vers un rééquilibrage de l'asymétrie d'information et induire des modifications dans leur relation.

Le professionnel sera pour l'un, le client néophyte par exemple, un conseiller technique et commercial et un véritable intermédiaire dans le processus de vente/achat, et pour l'autre, le client expert, un accompagnant et un repère dans le processus commercial. Par conséquent, quelle stratégie le professionnel devra-t-il adopter face aux clients informés et experts ?

S'adapter aux clients à l'ère du numérique : un défi pour les professionnels de l'immobilier

Les pratiques numériques des clients ont produit de nouvelles attentes. Les professionnels sont alors conduits à repenser leur offre de service, voire repenser leur métier, leur technique, leur procédé. C'est une nécessité selon un agent immobilier : « Il faut se réinventer car les technologies numériques évoluent vite et nous conduisent à nous remettre en question face aux demandes clients, sinon notre valeur ajoutée n'a plus lieu d'être sur le marché. » En effet, les technologies numériques apportent un aperçu complet d'une offre immobilière (plans, géolocalisation, description détaillée du produit, disponibilité en temps réel, simulateur de valeur locative, messagerie instantanée, etc.). L'expérience client est ainsi augmentée du fait de la simplification de l'accès et de l'usage de l'information. L'appropriation aisée de l'information par le client et la transformation en connaissance par son utilisation participent de la fabrique de son expertise (Distler, 2021).

Pour l'entreprise, ces technologies et processus permettent un gain de compétitivité qui dispose d'une offre large en termes de services innovants comme les visites virtuelles ou de la modélisation 3D. Les bots ou agents conversationnels, qui diffusent des réponses programmées aux questions, prolongent la présence de l'agence immobilière et assurent une permanence en continu.

Ces technologies ont conduit à une amélioration notable de l'expérience utilisateur, clé de voûte des métiers de services.

Une opportunité de croissance pour les professionnels

Malgré des réticences liées à l'essor des plateformes immobilières qui auraient pu menacer les acteurs du secteur, la majorité des professionnels du secteur voient la digitalisation de leur métier comme étant une opportunité de croissance et une mutation dans l'exercice de leurs missions.

En tout état de cause, indépendants et franchisés ont bien saisi les enjeux et opportunités qu'offrent les outils digitaux sur leur métier. Ces outils impactent le secteur sur trois versants : le business model, les processus métiers et organisationnels, et la relation client-utilisateur final (Mignot, 2019).

Selon Mignot (2019), les réseaux sociaux ont inversé le sens de la relation client à partir de 2007, donnant ainsi le pouvoir aux clients sur la marque. L'interaction marque-client a ainsi évolué. En 2017, c'est à l'intelligence artificielle (IA) de faire son entrée dans les technologies de contact, en intégrant notamment les bots. Ces derniers ont renforcé les interactions asynchrones. L'IA est venue alors en support de la relation humaine, laissant aux professionnels un travail avec plus de valeur ajoutée. En effet, la révolution de l'IA générative change la donne du chatbot. Beaucoup plus interactif et humain, c'est un vrai assistant personnel pour répondre au client : mail, question, etc.

En effet, l'IA a redonné du sens au travail des agents immobiliers. Grâce au self-service, les clients gagnent du temps en obtenant des réponses rapides, et passent la main aux vendeurs si la demande est trop compliquée.

Les chatbots augmentent la satisfaction client de 12 %, une hybridation de la relation client, dont Bédu *et al.* (2019, p. 35) sont convaincus de l'importance : « Nous croyons beaucoup à cette hybridation entre le digital et l'autonomie laissée aux clients. »

En effet, malgré l'augmentation de l'automatisation et de l'IA dans la relation client, les clients sont toujours demandeurs de relation humaine. Selon un agent immobilier, « l'empathie permet d'établir une véritable connexion, répondre adéquatement et avec le bon ton à leur demande, les rassurer, mais surtout les fidéliser ». Le numérique peut être défini comme étant l'ensemble des outils permettant d'accéder et traiter les données en vue de les exploiter pour prendre des décisions et orienter ainsi les comportements des utilisateurs. Or, acheter un bien immobilier pour ne prendre que cet exemple est une aventure humaine, une projection dans un futur imaginé, un projet de vie personnel et/ou familial. Aussi, même quand le client dispose de toutes les informations pour se décider, il a souvent besoin d'un accompagnement par un professionnel ou un proche afin de se rassurer et d'exprimer ses doutes et ses joies comme l'indique un professionnel de l'immobilier.

Du numérique à l'humain : écouter, comprendre et accompagner

L'aspect central selon nous, pour les professionnels de l'immobilier, est de garder l'humain au centre de l'accompagnement. Cela signifie comprendre et valoriser les interactions humaines, en utilisant la technologie comme un moyen d'améliorer ces interactions plutôt que de les remplacer. Les professionnels, pour se différencier sur le marché et garantir une valeur ajoutée au service, doivent cultiver des compétences telles que l'empathie, la communication et l'écoute active, qui restent indispensables dans un monde de plus en plus numérisé. Cela implique une compréhension profonde des besoins de leurs clients et une adaptation constante des outils technologiques pour répondre à ces besoins de manière personnalisée (Lefèbvre, 2015).

Comme l'indique un promoteur immobilier : « La valeur ajoutée d'un professionnel dans le cadre d'une relation de service se situe au niveau de son humanité, c'est-à-dire que le professionnel se doit d'être attentif à son client et de percevoir ses sentiments et émotions au cours de son parcours client. Détenir la bonne information, être présent du début à la fin du projet en se montrant disponible, c'est faire preuve d'humanité et de professionnalisme auprès du client. Aucun outil numérique ne remplacera l'humain sur le terrain-là. »

En effet, la digitalisation offre des opportunités inédites pour améliorer et diversifier les méthodes d'accompagnement. Elle ne doit pas pour autant se substituer à l'interaction humaine. Au contraire, l'objectif devrait être d'utiliser la technologie pour enrichir ces interactions, en veillant à personnaliser l'approche et à maintenir l'empathie et la compréhension au cœur des pratiques (Bédu *et al.*, 2019).

La légitimité du professionnel : sa rente cognitive

Comme indiqué plus haut, la rente cognitive peut se définir comme étant un capital de connaissances, de compétences et de savoir-faire dans un domaine donné détenu par une personne ou une entreprise (Bourbon, 2020). Ce capital se négocie sur un marché et se matérialise par un avantage concurrentiel pour l'agent ou l'entreprise. La notion de rente cognitive s'inscrit plus généralement dans les théories dites de la firme basées sur les ressources. Pour ces schémas explicatifs, une entreprise ou un agent peut se démarquer de la concurrence en optimisant ses ressources internes. Ces schémas mettent en exergue l'importance de la gestion de la connaissance dans la stratégie de conquête de marché ou de clients.

L'intérêt de disposer d'une rente cognitive est de bénéficier d'une asymétrie d'information, donc d'un avantage sur un concurrent ou un client expert dans notre cas. La rente cognitive peut être capitalisée de deux manières : l'exploration et l'exploitation des connaissances. L'exploration nécessite de rechercher pour une organisation ou un agent, à l'extérieur et à l'intérieur, l'information nécessaire pour repenser ses orientations stratégiques. L'exploitation de la rente cognitive consiste à faire usage des potentiels que recèle le savoir et les compétences acquises.

Pour valoriser et gérer sa rente cognitive, le professionnel de l'immobilier, s'il souhaite rester performant dans son champ d'activité, est tenu par la loi de se former tout au long de son activité. En effet, depuis la loi ALUR (loi pour l'accès au logement et un urbanisme rénové) du 24 mars 2014, les professionnels sont dans l'obligation de suivre une formation continue minimale de 14 h par an ou 24 h durant trois années consécutives. Le contenu de la formation porte sur l'actualisation et l'approfondissement des connaissances, le développement des compétences, l'apprentissage des langues. Ces formations sont dispensées au sein d'une cinquantaine de centres agréés par l'État.

Outre les formations obligatoires, le professionnel, s'il veut rester performant et se construire une valeur ajoutée pour les clients, s'auto-forme en permanence par la lecture de la presse spécialisée, des revues, articles, ouvrages, conférences, formations internes à l'entreprise. La curiosité et l'envie de progresser sont les deux facteurs qui poussent le professionnel à enrichir son capital savoir et ses compétences, c'est-à-dire à gérer de manière optimale sa rente cognitive.

Comme l'indique un agent immobilier qui se définit comme étant performant sur le marché, « pour rester performant face à sa clientèle, à la concurrence, à ses employeurs, il faut rester vigilant et toujours se former car le secteur de l'immobilier bouge très vite, notamment sur le plan législatif, technique, et économique ».

Le professionnel, un intermédiaire qui vend ou loue un bien qu'il ne possède pas

Selon Lefebvre (2015), l'agent immobilier vend un bien qu'il ne possède pas. Il offre un service ponctuel d'entremise consistant à faire se rencontrer l'offre et la demande sur un marché où les exigences des vendeurs et celles des acheteurs ne se rencontrent pas aisément. En effet, contrairement à d'autres types d'actifs, dits fongibles, un bien immobilier est un bien complexe et fortement hétérogène. La transaction immobilière est souvent longue, chronophage et risquée : elle est coûteuse à mettre en œuvre. Il y a ainsi un véritable « coût de recherche », tant pour l'acheteur pour lequel le choix est difficile à arrêter, que pour le vendeur pour lequel il est difficile de trouver un acheteur susceptible de lui offrir le meilleur prix. Dans ce contexte, l'intermédiaire a un rôle important à jouer afin de faciliter les transactions en rendant le marché immobilier plus efficient et en diminuant les délais de vente.

Le professionnel entre surtout en relation contractuelle avec le vendeur d'un bien pour répondre à un certain nombre de besoins tels que le conseiller dans la fixation du prix de vente, gérer la publicité et la commercialisation du bien, lui apporter une assistance juridique, l'assister dans les négociations avec les potentiels acheteurs dans le but d'aider au rapprochement des points de vue des deux parties, et évidemment conclure la vente. Côté acheteur, la relation est différente : l'acheteur ne choisit pas un agent immobilier mais il choisit un bien. La relation est donc totalement contrainte par le choix du bien, pour lequel un agent immobilier peut éventuellement avoir été mandaté par le vendeur. Un potentiel acquéreur ne fait que très rarement la démarche de mandater un professionnel pour l'achat d'un bien. Ce dernier peut cependant lui rendre des services comme la recherche d'un bien, un support juridique ou encore permettre à l'acheteur de l'assister dans la négociation du prix de vente. Ces services et actions s'inscrivent dans des interrelations dont le ciment est la confiance dans la relation contractuelle.

L'incertitude est le déterminant essentiel de la confiance dans l'échange (Morin, 2014). Agir dans un contexte incertain suppose qu'un client s'engage volontairement dans une situation de vulnérabilité en accordant sa confiance à un autre. C'est le mécanisme principal qui fonde la relation client. En effet, le client accorde sa confiance au professionnel du fait de son expertise, à savoir ses compétences sur un marché donné. Il escompte un retour sur investissement, c'est-à-dire qu'il entend que le professionnel réponde à ses demandes et exigences. La confiance est alors une projection dans une relation contractuelle idéalisée au sens où il n'est pas envisagé au départ de problème de nature à rompre la relation (Mucchielli, 2009). Aussi, parce que le vendeur ou l'acquéreur d'un bien ne choisit pas son agent immobilier, ou tout autre professionnel de l'immobilier, la confiance dans la délégation de la vente ou l'achat entre les protagonistes du processus commercial est déterminante et est au fondement de la reconnaissance légitime du professionnel par le client. En effet, nos investigations ont révélé que les clients tablent sur la confiance pour déléguer un professionnel, un intermédiaire dans l'acte d'achat de leur bien.

Selon Bornarel (2007), l'engagement dans la confiance est une décision volontaire. En effet, il est difficilement possible de contraindre une personne, un client à faire confiance. Le client augmente sa vulnérabilité face à l'incertitude. Il prend un risque car il n'a pas la pleine capacité et possibilité de contrôler son mandataire. L'engagement initial dans la confiance est facilité lorsqu'un des membres de la relation dispose d'une certaine crédibilité aux yeux du client. La confiance va s'inscrire dans la durée par la construction d'échanges positifs, répétés, personnalisés et durables, en bref quand le professionnel accompagne le client dans sa démarche économique et sociale.

Pour Campanini & Hutchins (2014), l'interconnexion constitue le moteur de l'économie. Les acteurs économiques tissent des liens, des contacts rapides avec leurs clients et les acteurs du marché. Ils doivent être vus comme étant fiables par leurs partenaires. Leur principal levier réside dans la confiance qu'ils peuvent susciter et à en tirer des bénéfices au sein de leur écosystème. Aussi, pour obtenir une connaissance optimale de leur client, les entreprises exploitent leurs données en garantissant une protection et discrétion dans la gestion de ces données. Ainsi, cela implique que les clients, explicitement ou implicitement, autorisent la collecte et l'utilisation de leurs données par l'entreprise. Dans ce cadre, la confiance client est primordiale non seulement pour l'exploitation des données mais également pour la fidélisation client. La confiance passe également par les résultats de l'entreprise, la performance et le recentrage sur le client. Une entreprise qui génère de la valeur économique et sociale et qui jouit d'un prestige sur le marché gagnera en confiance auprès de ses clients et parties prenantes. La confiance est ainsi un élément clé dans la relation et le parcours client. Elle façonne le passage de la vente à l'ère de la relation.

Accompagner le client : passer de l'ère de la vente à l'ère de la relation

Accompagner le client est une démarche qui s'inscrit dans le cadre du marketing de la personnalisation. Il vise à mettre en place toute une série de mesures stratégiques pour nouer la meilleure relation client possible, tout au long de l'acte d'achat (Larceneux & Parent, 2023).

Un directeur d'agence indiquait : « L'accompagnement du client est absolument nécessaire dans la stratégie relation client. On a affaire à des "humains" qui éprouvent des sensations, des émotions, il faut savoir les comprendre, les décoder pour être dans un service optimal. La relation client n'est pas qu'une relation commerciale, économique, sociale, mais c'est surtout une relation affective basée sur l'empathie. »

Pour Meyronin et Spencer (2016), l'accompagnement client est un travail émotionnel. Cette dimension se concrétise par une forme d'engagement dans la relation qui dépasse la simple réalisation d'acte technique pour atteindre une dimension d'intelligence individuelle et collective de ce qui se joue dans une relation commerciale.

Les auteurs identifient quatre leviers émotionnels que les entreprises peuvent mobiliser pour intégrer ce champ émotionnel : les émotions partagées, le partage des émotions, les rituels de service et les degrés de complicité.

Ces quatre leviers émotionnels jouent sur les ressorts psychologiques de la relation client. Il s'agit de construire une relation d'intercompréhension faite d'empathie et de confiance réciproque. Pour cela, le travail dit émotionnel se prépare afin que chaque professionnel puisse y trouver ses repères par rapport à lui-même et par rapport aux logiques de service de l'entreprise. En effet, chaque entreprise possède sa propre culture interne. Fortement polarisées sur la vente/achat, les entreprises désormais déplacent leur curseur vers le client et ses émotions. Comme l'indique un commercial, « c'est le client qui fait l'entreprise ». La relation client se joue maintenant sur le registre émotionnel, c'est-à-dire que les professionnels en contacts clients prennent en considération les émotions liées au projet d'achat/vente, voire les émotions personnelles qui peuvent impacter la relation client.

Les formations internes et externes des entreprises développent cet aspect de la relation. Gérer les émotions clients devient un acte central dans l'accompagnement de service. Cette gestion conduit le professionnel à travailler sur ses traits de personnalité comme ses propres émotions et réactions en situation de tension, son empathie, sa disponibilité. Comme le rappellent Meyronin & Spencer (2016. p. 15), « Passer de l'ère de la vente à la relation, c'est entrer en complicité avec le projet du client et les émotions sous-jacentes. La vente est ainsi une conséquence de la rencontre qui se noue autour d'un projet, d'un moment particulier et d'une émotion singulière. »

Cette entrée dans la dynamique émotionnelle à l'ère du client connecté, connaisseur du produit mais demandeur de service, conduit vers plus de symétrie d'information et production de savoirs mais également vers une symétrie d'attention client-professionnel. Pour les auteurs ci-dessus cités, la symétrie des intentions s'impose dès lors que l'on veut installer durablement dans l'entreprise une véritable culture client et plus largement une culture de service, dont les bénéfices sont partagés entre les parties prenantes que sont les clients, les collaborateurs et les détenteurs des capitaux de l'entreprise.

De l'ère de la relation aux attentes clients

Selon Bourbon (2020), la qualité de la relation client est une source de différentiation centrale pour les entreprises. Même à l'heure du tout digital, le lien humain reste un élément déterminant dans le rapport aux services que propose une entreprise. Le secteur de l'immobilier est ainsi concerné par cette problématique car le facteur humain est d'une importance capitale du fait des enjeux liés à l'investissement financier et psychologique que représente l'engagement dans l'achat/vente d'un bien. C'est un engagement qui nécessite, pour le professionnel, un investissement humain dans cet univers technologique qu'est le numérique.

À l'ère d'Internet, du digital mobile et de l'intelligence artificielle, l'humain reste déterminant dans la trajectoire client. Ce dernier attend du professionnel des conseils avisés et un accompagnement dans son parcours. Comme l'indique un agent immobilier, « la technologie digitale comme les plateformes en ligne, les systèmes de gestion immobilière, les visites virtuelles, la signature électronique, les chatbots et autre intelligence artificielle, tous ces outils nous permettent un gain de temps assuré et une efficacité dans le traitement de l'information, mais cette technologie ne remplace pas la présence du professionnel à tous les stades du parcours client. »

Alors même que les recherches de biens et les transactions immobilières passent majoritairement par Internet, les clients qui ont finalisé leur projet éprouvent le besoin de se déplacer dans l'agence afin d'échanger avec le conseiller. Les outils digitaux sont des moyens qui permettent d'optimiser l'information. En revanche, lorsqu'il est question de finaliser le projet, les échanges avec le professionnel apparaissent comme étant cruciaux malgré les nouvelles pratiques numériques qui ont suscité de nouvelles attentes clients. En effet, comme l'indique un client en projet chez un promoteur immobilier, « J'ai besoin en ce qui me concerne d'échanger physiquement avec un professionnel pour certains aspects techniques et financiers, cela permet de se comprendre et de préciser les choses car la communication par mail ou en visio a ses limites. »

Comme évoqué précédemment, sur le plan commercial, le phygital est un point de vente physique, dans notre cas une agence immobilière ou toute autre entreprise de l'immobilier, qui intègre les données et méthodes de l'écosystème digital dans le but d'optimiser l'expérience client dans les points de vente.

C'est une stratégie de marketing omnicanal. L'entreprise met à disposition de ses clients des technologies de pointe dans l'objectif d'augmenter la fréquentation de ses points de vente. Pour une directrice d'agence, « le phygital va simplifier et faciliter les liens clients et les transactions. En effet, aujourd'hui, les responsables d'agence privilégient la mise en place d'outils digitaux dans les magasins (bornes, écrans tactiles, applications mobiles, etc.) ».

Gardes (2019) souligne que l'avenir de l'agence immobilière en tant que business modèle et en tant que point de vente physique fait l'objet de débats entre les professionnels. Les grandes enseignes s'engagent dans la révolution digitale, pour autant ils ne souhaitent pas que leur business model soit complètement digitalisé, aussi optent-ils pour une stratégie omnicanale dans le but de conserver les liens physiques clients-professionnels : « Le tout digital qui semble séduire nombre d'acteurs pourrait en effet ne pas être aussi déterminant. Lieu de la rencontre et de la proximité avec le client, l'agence est aussi l'espace de la personnalisation de la relation et de l'expérience de consommation. Cette vision place au cœur de la réflexion l'agence comme point central de la proposition de valeur pour le client. » (Gardes, 2019, p. 133)

En effet, l'apparition des points de vente digitalisés pose la question de la place du professionnel, car face à un client devenu expert du fait de son autonomisation dans la recherche d'information, le rôle du professionnel évolue vers un service personnalisé. Cette personnalisation du suivi s'apparente à un accompagnement, car c'est dans le dialogue avec le client que le professionnel trouvera sa valeur ajoutée. Apporter des informations supplémentaires, donner un conseil afin que le client repositionne son choix, rassurer le client face à l'avenir de son parcours, proposer un service additionnel, en clair le professionnel a encore une valeur ajoutée certaine dans un métier où la relation humaine a une importance aux yeux des clients pourtant de plus en plus informés et digitalisés.

Comme l'indique Thibault Rémy, manager général de Meilleurs Agents et d'Avi Seller Group, « L'ère du phygital, mélange de "physique" et de "digital", attend les agents immobiliers, qui doivent adopter des comportements digitaux caractérisés par l'agilité, la réactivité et l'attention extrême portée aux clients et à la qualité de service. De plus, le rôle de l'agence physique est à repenser puisque 35 % des particuliers interrogés anticipent une baisse de visites en agences. L'agence de demain sera un lieu hybride où l'expérience client primera, où les innovations telles que les hologrammes et la réalité augmentée seront certainement mises en scène ! L'agence offrira donc le meilleur des deux mondes… Bienvenue dans l'ère du phygital ! »

Ces agences dites hybrides diffusent également les annonces immobilières de leurs clients et partenaires sur une multitude de plates-formes en un seul clic, assurant ainsi une visibilité maximale. Les visites physiques sont effectuées par des agents immobiliers, qui utilisent ces nouvelles technologies, devenues désormais pour eux des outils du quotidien professionnel, telles que les visites virtuelles pour les clients internautes. Ce modèle d'agence offre une grande flexibilité, permettant aux partenaires et vendeurs d'interagir avec des professionnels immobiliers en personne ou à distance, selon leurs besoins et leur style de vie.

Enfin, la coopération entre entreprises immobilières présente un certain nombre d'avantages. En travaillant ensemble, les entreprises peuvent élargir leur réseau de clients et de biens immobiliers, ce qui augmente leurs chances de réussite. De plus, elles peuvent partager les coûts et les ressources, ce qui réduit la charge financière individuelle. La collaboration permet également de bénéficier de l'expertise et des connaissances spécifiques des autres acteurs, ce qui favorise l'apprentissage mutuel et l'amélioration des compétences. En offrant un service client plus complet et personnalisé, les entreprises peuvent satisfaire davantage leurs clients.

L'exemple du fichier AMEPI est emblématique selon nous d'une telle compétition entre entreprises du fait des nouvelles technologies et de l'évolution des mentalités fondées sur la captation des parts de marché. AMEPI se présente comme étant créé par des professionnels de l'immobilier pour les professionnels de l'immobilier. Le fichier AMEPI est l'outil informatique doté d'une appli mobile, qui permet le partage de mandats exclusifs entre agents immobiliers membres. Le fichier AMEPI est présenté comme ayant pour objectif la satisfaction des clients qui souhaitent vendre, acheter ou louer un logement. Service totalement gratuit pour le client, il présente de nombreux avantages pour les professionnels et n'augmente pas les honoraires d'agence. Pour les agents immobiliers, c'est un booster d'affaires immobilières et *de facto* de chiffre d'affaires. Ce fichier est un outil de coopération entre acteur sur un marché de biens et services ultra-concurrentiel. Ainsi, la coopération entre acteurs est une approche avantageuse pour renforcer leur position sur le marché et prétendre offrir un service de qualité. Ce type de coopération peut être dénommée la coopétition.

Ce néologisme a été popularisé en 1996 par l'ouvrage de Nalebuff et Brandenburger intitulé *Co-opétition*, le terme est un néologisme né de la contraction des termes coopération et compétition. La coopétition consiste à développer simultanément des relations de coopération et de compétition avec le même partenaire-adversaire. Il s'agit d'articuler le paradigme concurrentiel d'affrontement entre les organisations et le paradigme relationnel de coopération. Pour simplifier, il s'agit de coopérer avec ses concurrents. D'un point de vue logique, la coopétition est une stratégie qui peut sembler contre-intuitive, en particulier dans une société basée sur un modèle économique privilégiant la concurrence et la recherche de parts de marché.

En effet, un responsable d'un groupe immobilier disait clairement : « Il ne s'agit pas seulement de vendre un produit ou un service, de s'équiper d'outils numériques performants derniers cris, mais de créer une relation authentique et durable avec chaque client. Cela implique une compréhension profonde des besoins et des désirs du client, une communication efficace et respectueuse et la capacité de résoudre les problèmes et les conflits avec toute l'empathie que le professionnel peut donner au client, c'est-à-dire écoute, disponibilité, conseils avisés, accompagnement du client, de la recherche du bien à la signature chez le notaire. »

Le relationnel plébiscité par les professionnels rencontrés

Lors de nos investigations pour réaliser ce travail, les professionnels, objets de nos entretiens, ainsi que les diverses lectures de documents et d'articles scientifiques, relatent la nécessité d'un environnement numérisé pour accroître le service et la satisfaction client et ainsi rester compétitif sur le marché. Mais la compétition ou la coopétition ne relève pas seulement d'innovations technologiques venant bouleverser toute la chaîne de valeur du secteur immobilier, elle relève aussi et peut-être surtout d'un « bon » relationnel des professionnels envers les clients. Cela peut apparaître trivial dans un environnement où les start-up de l'immobilier donnent un coup de « vieux » aux modèles classiques des agences et autres entreprises. Les professionnels se rejoignent sur le fait que l'immobilier, c'est de la technologie et un métier qui se complexifie et se transforme sous l'effet des lois, des technologies, des matériaux, des exigences du marché, de la finance internationale… Mais il y a selon eux un invariant, c'est que l'immobilier c'est d'abord du relationnel client, partenaire et collaborateur.

Selon Meyronin & Spencer (2016), le relationnel est une compétence fondamentale, il est le pivot de toute relation commerciale. La relation client commence par la prospection immobilière. Pour les professionnels, chaque interaction, qu'il s'agisse d'un premier contact avec un prospect ou d'un suivi avec un client, est une occasion de renforcer le travail sur la qualité de la relation car les premiers contacts sont déterminants pour la suite du parcours client.

Ces interactions ne doivent pas se cantonner à de simples transactions commerciales mais elles doivent se traduire par des opportunités pour appréhender les besoins du client, lui prodiguer des conseils, des informations qui lui parlent, lui apporter des perspectives et des solutions à ses questions. Il s'agit pour les professionnels de se montrer prévenants et proactifs dans les diverses demandes que le client formule.

Le relationnel client, c'est aussi de l'accompagnement. Cela se traduit par l'établissement d'une relation solide qui se construit pas à pas. L'accompagnement n'est pas aléatoire, il est un outil de travail fondé sur le savoir et savoir-faire du professionnel qui nécessite une approche stratégique qui intègre les besoins du client mais également les objectifs commerciaux et financiers à moyen et long terme. Connaître son client et gagner sa confiance est le gage d'une relation et d'un accompagnement qui vise à dégager de la valeur ajoutée au service rendu (Hababou, 2017). Dans son parcours d'achat/vente, le client témoigne des sentiments, des émotions, des projections, un imaginaire, en bref, l'accompagnement est une occasion relationnelle pour optimiser la valeur service et ainsi potentialiser la force de vente de l'entreprise. Investir dans l'accompagnement est alors une stratégie au retour sur investissement certain. Elle vise à conduire à une plus grande satisfaction client donc potentiellement à un portefeuille client stable. Dans un secteur aussi compétitif que l'immobilier, l'accompagnement est le facteur sur lequel il est judicieux de miser dans la mesure où il permet de se distinguer de la concurrence.

Comme indiqué précédemment, l'ingrédient clé dans l'interaction avec le client est l'empathie. C'est-à-dire que le professionnel se met en position de ressentir les attentes et comprendre les émotions de son client. Il se met à la place de son client dans sa trajectoire commerciale et financière. Le client engage son patrimoine financier et parfois immobilier et s'engage dans l'acte commercial pour l'acquisition d'un bien. Cela implique de la patience, de l'écoute, de la bienveillance, de l'indulgence face à un client « nerveux » et revendicatif. Le temps et les efforts déployés dans l'empathie client sont un investissement dans l'expérience de la gestion relationnelle. En effet, selon un responsable d'entreprise de promotion/construction : « La gestion efficace des relations avec les clients peut faire toute la différence entre le succès ou l'échec commercial, ce n'est pas dans la technologie que ça se passe mais dans le relationnel car le client développe de fortes attentes par rapport au professionnel, il attend qu'il l'accompagne, le conseille et le rassure dans son parcours jusqu'à l'acte d'acquisition. »

Selon Meyronin & Spencer (2016), le relationnel, c'est-à-dire les modalités interactives avec le client tout au long de son parcours faites d'attention, d'empathie, de réactivité, de conseils avisés, de présence et d'accompagnement, a pour visée un acte commercial. C'est d'abord une relation commerciale qu'il faut gérer et au final l'objectif est de fidéliser le client. Dans cette dynamique relationnelle, l'outil CRM (*Customer Relationship Management*) est le plus communément usité par les professionnels. Il permet de suivre et gérer l'ensemble des interactions avec le client. Aussi, les formations tout au long de la vie se doivent-elles d'intégrer dans leur programme des sessions sur la gestion des relations humaines dans tous ces aspects. En effet, les professionnels revendiquent cet aspect des choses car au final c'est le client qui fait la prospérité de l'entreprise, mais c'est au professionnel de l'y conduire.

Quand l'hybridation de la relation client est une forme de Customer Centric

Mignot (2019) définit l'hybridation comme étant l'intégration et la combinaison de multiples pratiques, méthodes, technologies dans l'objectif de créer et/ou s'adapter à un nouveau contexte, afin de modifier le business modèle de l'entreprise et repenser sa chaîne de valeur. La notion marketing anglophone de *Customer Centric* (centré sur le client) repose sur le principe qu'une entité place ses clients au cœur de ses priorités et de ses décisions. De fait, une approche *Customer Centric* nécessite de repenser en profondeur l'organisation de l'entreprise (Chezaubernard & Le Gorrec, 2014)

Selon les professionnels objets de nos entretiens, il ressort que pour mettre en place une stratégie fondée sur le client au centre, il est fondamental de choisir des collaborateurs qui disposent de qualités humaines comme l'empathie, le sens relationnel, l'écoute, l'autonomie, la proactivité et la maîtrise des outils numériques car la relation doit s'inscrire aussi dans cet environnement qui contribue également à la satisfaction client.

Gardes (2023) souligne le fait que l'arrivée massive dans les entreprises des technologies numériques et de l'intelligence artificielle a substantiellement transformé les modes de communication clients-professionnels. Les entreprises doivent désormais être en capacité de répondre en temps réel aux besoins des clients, d'apporter des contenus personnalisés, de rendre unique l'expérience client.

Technologies digitales, intelligence artificielle et qualités humaines centrées sur l'empathie et la relation à l'autre sont les paramètres de l'hybridation des entreprises. Cette hybridation est devenue une nécessité pour les business modèles des entreprises du secteur de l'immobilier. En effet, le client n'est plus passif, il participe à la cocréation du service en faisant usage des technologies numériques, mais il est également proactif dans l'offre et la consommation desdits services. De ce fait, pouvons-nous parler de client hybride ? un client augmenté, omnicanal et informé qui a des attentes et besoins fondés sur la compréhension de sa singularité, la qualité du service, sa rapidité et l'ajustement du service à ses besoins. En bref et sans vouloir être exhaustif, le client hybride se trouve dans une situation paradoxale, il a besoin des services de l'entreprise tout en étant indépendant d'elle. En fait le client est devenu interdépendant, c'est-à-dire qu'il est entré dans l'ère de la symétrie des informations. Le professionnel n'est plus le seul détenteur des informations à forte valeur ajoutée, il se doit désormais de valoriser une autre dimension de la relation de service, celle de ses traits de personnalité centrés sur le client.

L'hybridation de service est selon nous génératrice de ce changement de paradigme, à savoir une réduction, voire une inversion de la symétrie de l'information client-professionnel grâce en partie aux usages quotidiens des outils numériques et aux multiples injonctions de la société à être autonome, indépendant, informé, performant, exigeant et efficace. Cette exigence de performance dans la recherche du bien idoine pour le client et dans les réponses sur-mesure du professionnel conduit les entreprises à repenser leur relation client. Ce dernier, de plus en plus expert, attend du professionnel un accompagnement dans sa trajectoire client, c'est-à-dire être rassuré, informé et surpris par les émotions éprouvées lors de l'expérience construite dans ses liens avec le professionnel.

Les professionnels de l'immobilier objet de notre étude soulignent que le client est devenu central dans les préoccupations des entreprises et donc dans les stratégies adoptées. Les modes de relations se sont multipliées et diversifiées. Elles se sont notamment inscrites dans les moyens de communication offerts par le numérique devenu désormais l'horizon indépassable du lien client. En effet, on parle de liens omnicanaux pour communiquer et échanger avec les clients et inversement. L'enjeu essentiel est d'être informé sur ses clients, de nouer des liens privilégiés afin de répondre à ses attentes de qualité, de rapidité de service ou produit. La technologie numérique et l'intelligence artificielle qui se sont implantées maintenant dans tous les processus de création de valeur de l'entreprise ont accentué cette tendance en renforçant le poids du client dans les stratégies de l'entreprise. Ainsi, la gestion de la relation client est devenue une fonction centrale pour les managers car elle oriente les actions de communication, le merchandising dans les points de vente, la relation téléphonique et électronique, le site Internet, et tous les professionnels au contact avec les clients.

En effet, le développement des nouvelles technologies numériques et leurs implémentations dans tous les registres du fonctionnement des entreprises ont révolutionné les habitudes des clients et des professionnels connectés, surinformés et jonglant d'un canal à un autre. Le client entend désormais consommer et s'informer au gré de ses besoins, accéder aux offres de service partout et en tout temps, c'est ce que l'on peut nommer l'avènement de la communication omnicanale.

Pour rappel, omnicanal signifie littéralement « tous les canaux » et désigne une utilisation simultanée et interconnectée de tous les canaux disponibles par une entreprise, à des fins marketing, commerciales et organisationnelles. Comme l'indique un responsable commercial en poste chez un franchisé, « il n'est plus pensable maintenant de concevoir les liens avec les clients autres que sur un mode omnicanal. Les clients sont équipés de multiples appareils connectés qu'ils utilisent en permanence pour communiquer avec. Ces usages nous obligent à être à l'aise avec les nouvelles technologies de l'information et communication, sinon on est appelé rapidement à disparaître. Il faut être réactif et disponible et si possible avoir de l'empathie pour son client, sinon il disparaît comme il est apparu. » On ne saurait mieux dire et décrire l'impact des technologies digitales sur les liens clients-professionnels et la révolution qu'elle engendre dans leur modalité relationnelle.

En effet, aujourd'hui, le mobile et le digital sont devenus la règle d'usage. Les frontières entre le monde réel et la sphère numérique ont presque disparu. La « vraie vie » inclut le numérique et le numérique fait entièrement partie du réel. Que ce soit dans la sphère privée ou professionnelle, les réseaux sociaux, les messageries instantanées, les chats, les applications mobiles et le web rythment notre quotidien (Bédu *et al.*, 2019). Le numérique est dans nos habitudes et usages au point de devenir indispensable pour réaliser un achat en ligne, donner un avis, consulter les actualités ou encore pour échanger avec ses proches ou ses collègues. Le parcours client passe par de multiples canaux. Un client peut commencer son parcours par une visite en agence ou entreprise et finaliser la transaction sur un réseau social ou faire l'inverse. Ce client, maintenant augmenté dans ses capacités de choix et d'information, pèse sur l'entreprise d'un poids inédit dans le choix de sa stratégie. Le client est alors au centre des préoccupations des managers, de plus en plus intégré dans la chaîne de valeur, devenant un faiseur d'opinion à travers ses notations et critiques sur les services proposés, et un collaborateur à travers son parcours client où les émotions et les passions prennent souvent le pas sur la raison.

Conclusion

La technologie numérique a révolutionné le parcours clients dans le champ du secteur de l'immobilier, vu comme un secteur traditionnellement peu réceptif aux changements et aux nouvelles technologies. La réalité virtuelle pour les visites de biens, l'intelligence artificielle pour l'analyse des données clients, les plateformes en ligne pour favoriser et accroître la visibilité des biens, ainsi que tous les outils et canaux de communication comme les tablettes, smartphones, ordinateur, réseaux sociaux. Toutes ces technologies ont impacté les cultures professionnelles d'une manière irréversible. Même si toutes les entreprises ne sont pas au fait des nouvelles technologies, certaines en prennent conscience du fait de la perte effective de parts de marché, car l'immobilier produit un marché très concurrentiel. Ainsi, innover et faire usage dans ses pratiques professionnelles des nouvelles technologies digitales, c'est se donner la chance et l'opportunité de gagner en parts de marché.

L'arrivée progressive des nouvelles technologies digitales et leur démocratisation ont eu pour effet de reconsidérer les liens clients-entreprise mais aussi de réorienter pour nombre d'entreprises leur stratégie en la recentrant sur le client. En effet, le client est maintenant augmenté, c'est-à-dire qu'il dispose de pouvoirs de nature à concurrencer les professionnels dans la recherche, l'acquisition et l'usage d'information, certains deviennent même experts du produit. Ce processus se nomme la symétrie des informations clients-professionnels, car pendant longtemps le balancier penchait du côté des professionnels. Ces derniers tenaient leur légitimité et compétence de leur rente cognitive, faite d'accès privilégié à l'information. En revanche, cette technologisation de la relation a remis le client au centre des préoccupations des entreprises.

La stratégie des entreprises est clairement orientée vers le client conçu comme le vecteur et levier principal de la valeur créée. En effet, la digitalisation de la relation client et de l'offre de service n'a pas engendré une désintermédiation comme certains pouvaient le prédire, elle est d'une autre nature, le client n'est plus spécifiquement en attente de conseils et d'informations techniques, mais il attend un accompagnement tout au long de son parcours d'achat/vente, un accompagnement humain fait d'émotion, d'empathie, de confiance, de proactivité. Il attend du professionnel une relation humaine authentique qui le rassure et le conforte dans ses choix. Au final, la technologie digitale a reconfiguré les liens professionnels-clients vers plus d'humanité dans le processus économique et commercial dans lequel s'est engagé le client accompagné désormais par le professionnel.

Bibliographie

Akerlof, G.A. (1970). Quality Uncertainty and the Market Mechanism. *The Quarterly Journal of Economics*, 84(3): 488-500.

Bédu, V., Le Clech P., & Dadian E. (2019). *Expérience client*. Eyrolles.

Bouchez, JP. (2016). *L'entreprise à l'ère du digital*. DeBoeck supérieur.

Bourbon, S. (2020). *Vaincre l'ubérisation par l'asymétrie de connaissances et la rente cognitive*. Business Science Institute.

Bornarel, F. (2007). La confiance comme instrument d'analyse de l'organisation. *Revue Française de Gestion*, 175(6) : 95-109.

Campanini, E., & Hutchins K. (2014). *Repenser la relation client : s'adapter pour survivre – Ce que nous enseigne Darwin*. Pearson.

Cheminant, T. (2022). Choisir son modèle d'agence : indépendante, franchisée ou digitale ? Dans : F. Rasolofo-Distler (dir.), *Entreprendre dans l'immobilier* (pp. 31-62). Dunod.

Chezaubernard, J., & Le Gorrec D. (2014). *Marketing de marque et stratégie de contenus.* L'Argus de l'assurance.

Crié, D. (2003). De l'extraction des connaissances au knowledge management. *Revue française de gestion*, 146(5) : 59-79.

Distler, F. (2021). L'expérience client dans le secteur de l'immobilier : les outils digitaux comme vecteur de la fabrique de l'expertise. Dans : F. Rasolofo-Distler (dir) *Management et Innovation dans le secteur de l'Immobilier* (pp. 61-105). Dunod.

Dumont, A. (2001). *Innover dans les services.* Village Mondil.

Gardes, N. (2019). Digitalisation du secteur Immobilier : la proposition de valeur phygitale au cœur de la performance. *La revue des sciences de Gestion*, 299-300(5) : 133-146.

Gardes, N. (2023). Opportunité et défi de l'intelligence artificielle pour l'expérience client, in : S. Chatry & F. Rasolofo-Distler (dir) *L'immobilier face aux défis du numérique* (pp. 199-222). Mare & Martin.

Gilly, M. (1995). « Approches socio constructives du développement cognitif de l'enfant d'âge scolaire », *Manuel de psychologie pour l'enseignant.* Hachette.

Hababou, R. (2017). *Service gagnant, 3.0. Prenez l'avantage par le digital.* First Édition.

Larceneux, F., & Parent, H. (2023). *Marketing de l'Immobilier.* Dunod.

Lefèbvre, T. (2015). *Une nouvelle ère pour l'intermédiation en immobilier résidentiel : fondements, digitalisation et limites.* Thèse de doctorat.

Mayère, A. (1990). *Pour une économie de l'information.* Hors collection, CNRS Édition.

Meyronin, B., & Spencer T. (2016). *Management de la relation client. Symétrie des attentions, digitalisation et coproduction.* Vuibert.

Mignot, O. (2019). *La transformation digitale des entreprises : Principes, exemples, mise en œuvre et impact social.* Dunod.

Morin, E. (2014). *Introduction à la pensée complexe.* Points essais.

Mucchielli, A. (2009). *Le travail en équipe.* Eyrolles.

Piaget, J. (1988). *Psychologie et pédagogie.* Folio essais.

Chapitre 5

Quand le BIM révolutionne la relation client

Par Fana Rasolofo-Distler

Le *Building Information Modeling* (BIM) est aujourd'hui un outil essentiel dans le management de projet immobilier, transformant radicalement l'industrie de la construction à travers le monde. En tant que méthode de modélisation et de gestion des informations numériques tout au long du cycle de vie d'un bâtiment, le BIM révolutionne la manière dont les projets sont conçus, construits et gérés (Wright, 2014). Sa capacité à intégrer divers aspects d'un projet, de la conception architecturale à l'ingénierie, et jusqu'à l'utilisation post-construction des bâtiments, en fait un outil précieux pour les professionnels du secteur. Le BIM facilite de manière significative l'échange et l'interopérabilité des informations au format numérique, permettant aux différents intervenants du projet, tels que le maître d'œuvre, les architectes, les ingénieurs, les entrepreneurs, les sous-traitants, les fournisseurs, les clients et les autorités réglementaires, de collaborer efficacement (Eastman *et al.*, 2008). Il offre une visualisation en 3D qui est essentielle pour que tous les participants comprennent mieux les impacts des travaux prévus. Cela aide notamment les personnes ayant des difficultés à interpréter les plans traditionnels (Aznal & Barry, 2017). Le BIM, en tant qu'outil collaboratif, permet une coordination efficace entre tous les participants d'un projet de construction, même si cette collaboration est parfois idéalisée (Patrascu & Hémont, 2019). Il assure non seulement que chaque acteur est constamment informé en temps réel de l'évolution des travaux, mais favorise aussi une collaboration active et concrète dans le développement du bâtiment. Cette intégration renforce l'efficacité du processus de construction, garantissant que toutes les parties prenantes évoquées plus haut, peuvent apporter leurs expertises de manière synchronisée et efficace à chaque étape du projet.

Dans ce chapitre, nous nous intéressons particulièrement au BIM en tant qu'outil collaboratif et à son impact sur la relation client, les clients évoqués ici étant les futurs occupants des bâtis, propriétaires ou locataires, personnes physiques ou personnes morales. Comment le BIM transforme-t-il cette relation ? Pour aborder cette question, il est essentiel de comprendre d'abord ce qu'implique la gestion de la relation client, également connue sous le nom de *Customer Relationship Management* (CRM). Selon Richards et Jones (2008), le CRM peut être défini à la fois sous un angle stratégique et opérationnel. Stratégiquement, le CRM est envisagé comme une approche globale de gestion des interactions avec les clients, axée sur l'identification des clients, la génération de connaissances à leur sujet, l'établissement de relations durables, et l'influence sur leur perception de l'entreprise et de ses produits. Cette vision englobe la planification détaillée des interactions de l'entreprise avec ses clients à travers divers canaux, messages, produits et services.

Opérationnellement, le CRM est décrit comme l'harmonisation des processus d'affaires avec les stratégies centrées sur le client, afin de renforcer la fidélité de ces derniers et d'accroître les profits sur le long terme. Cette facette du CRM est souvent associée à l'utilisation de technologies avancées et de processus systématiques qui facilitent une meilleure relation avec les clients, notamment par la collecte et l'analyse de données pour une personnalisation accrue des offres. Ces définitions établissent une base solide pour appréhender le CRM non seulement comme un outil de gestion stratégique et opérationnelle, mais aussi comme un élément crucial qui relie les investissements technologiques, tels que le BIM, à l'amélioration des performances de l'entreprise.

Un concept fondamental du CRM est l'engagement client, également connu sous le terme de *Customer Engagement*. Cet engagement est caractérisé par le degré d'interaction et l'implication émotionnelle qu'un client maintient avec une marque ou une entreprise sur une longue période. Il transcende les simples transactions pour établir une relation plus profonde et continue, ce qui peut améliorer significativement la fidélité et la valeur à vie du client. Bien que la fréquence des contacts n'ait pas d'impact notable, la nature des contacts (*i.e.* comment et par quel moyen les interactions se déroulent) joue un rôle crucial dans les émotions ressenties par les acheteurs (Siadou-Martin *et al.*, 2014). Selon Hollebeek *et al.* (2019), l'engagement client constitue un impératif stratégique essentiel pour stimuler la croissance des ventes, obtenir un avantage concurrentiel notable et augmenter la rentabilité. Les auteurs identifient trois processus clés indispensables à l'engagement client : l'intégration des ressources du client, le partage des connaissances du client et l'apprentissage continu. L'engagement client favorise le développement des compétences opérationnelles du client et la co-création, enrichissant ainsi l'expérience globale. Les interactions fréquentes et soutenues entre le client et l'entreprise sont au cœur de l'engagement client. Ce dernier est une composante vitale d'une stratégie de CRM moderne et joue un rôle crucial dans la croissance et la stabilité à long terme de l'entreprise. Les organisations qui parviennent à cultiver un engagement client durable bénéficient de relations plus robustes et plus profitables, ce qui est essentiel pour un succès continu dans le paysage commercial actuel.

En résumé, le CRM englobe toutes les interactions et stratégies déployées par une entreprise pour engager ses clients actuels et potentiels. Il représente un pilier fondamental de la gestion commerciale et du marketing, orchestrant chaque étape de la relation client, de la prospection initiale jusqu'au service après-vente. Une compréhension approfondie de l'engagement client est cruciale, car elle peut significativement améliorer la gestion de ces relations. Dans ce contexte, le BIM émerge comme un outil efficace pour intensifier l'engagement client grâce à ses robustes capacités de visualisation, de simulation et de collaboration. Le BIM offre un cadre intégratif qui favorise une participation plus active des clients tout au long du processus de conception et de développement, renforçant ainsi leur engagement et leur satisfaction. Utilisé tout au long du cycle de vie d'un bâtiment, de la phase de conception à la construction, sans oublier l'exploitation, la maintenance et même la démolition, le BIM maintient les informations du modèle constamment actualisées. Cette mise à jour continue des données permet de prendre des décisions éclairées à chaque étape, augmentant ainsi la confiance des clients dans le projet. Ainsi, le BIM se révèle être un outil indispensable pour les entreprises de construction et d'immobilier, jouant un rôle déterminant dans l'amélioration de la gestion de la relation client et la consolidation de la confiance et de la loyauté de ce dernier.

Pour analyser l'impact du BIM sur la gestion de la relation client, il est essentiel de recourir à un cadre théorique robuste, tel que la théorie de l'appropriation sociale des technologies de l'information. Cette théorie cherche à explorer comment les individus, les groupes et les organisations adoptent, utilisent et intègrent les technologies de l'information dans leurs routines quotidiennes, tant sur le plan social que professionnel. Mobilisée par des chercheurs tels que

Suchman (1987) et Agre (1990), cette approche est particulièrement adaptée pour évaluer l'incorporation des technologies numériques dans divers milieux sociaux et organisationnels. Elle souligne l'influence significative du contexte social et culturel sur le processus d'adoption des technologies de l'information, reconnaissant que les normes sociales, les valeurs culturelles, les croyances et les conditions socio-économiques façonnent la manière dont ces technologies sont utilisées et intégrées (Dussauge, 2010). Contrairement à une adoption passive, l'appropriation des technologies de l'information, selon Williams et Edge (1996), est un processus interactif et dynamique. Les utilisateurs ne se contentent pas de mettre en œuvre ces technologies telles qu'elles ont été initialement conçues par les développeurs. Au lieu de cela, ils les adaptent, les personnalisent et se les réapproprient pour répondre à leurs besoins spécifiques et atteindre leurs objectifs personnels et collectifs. Comme l'indique Dourish (2003), cette réappropriation transforme souvent les technologies en nouvelles pratiques et significations qui s'intègrent dans et transforment les pratiques sociales existantes. En appliquant cette théorie à l'étude du BIM, nous pouvons mieux comprendre comment cette technologie est intégrée dans les pratiques de gestion de la relation client au sein des entreprises de construction et d'immobilier, et comment elle peut être optimisée pour renforcer les interactions et l'engagement des clients de manière plus significative et stratégique.

L'application de la théorie de l'appropriation à l'analyse de l'interaction entre BIM et la gestion de la relation client nous amène à considérer trois axes de réflexion principaux :

- Comment le BIM facilite-t-il la personnalisation dans la relation client ? Nous examinerons le rôle du BIM dans l'ajustement des produits et des services aux besoins et préférences individuels des clients. Le BIM permet de créer des expériences personnalisées qui renforcent l'engagement des clients en utilisant des données détaillées pour mieux comprendre leurs attentes et comportements. Cette capacité à personnaliser les offres contribue à améliorer significativement l'expérience client.

- En quoi le BIM encourage-t-il un processus d'apprentissage continu dans la gestion de la relation client ? L'étude se penche sur comment les utilisateurs du BIM, au sein de l'entreprise, acquièrent progressivement des compétences techniques avancées et une meilleure compréhension de l'application de cette technologie dans divers contextes. L'apprentissage, qu'il soit formel ou informel, individuel ou collectif, est crucial pour une adoption efficace du BIM. Nous aborderons également la nécessité de former les collaborateurs pour optimiser l'utilisation du BIM et faciliter son intégration dans les pratiques quotidiennes de l'entreprise.
- Quels sont les principaux obstacles rencontrés par les entreprises lors de l'intégration du BIM de manière générale et dans la gestion de la relation client en particulier ? Cette réflexion vise à identifier les défis auxquels les entreprises font face dans l'appropriation du BIM, en particulier comment ces défis affectent leur capacité à gérer efficacement les relations avec leurs clients. Les problèmes peuvent inclure des barrières techniques, des résistances au changement, ou des lacunes dans les compétences nécessaires pour exploiter pleinement les capacités du BIM.

Chacun de ces axes offre une perspective riche pour comprendre non seulement les bénéfices du BIM, mais également les complexités de son intégration dans les stratégies de relation client au sein des entreprises du secteur de la construction et de l'immobilier. Pour explorer ces pistes de réflexion, nous entreprendrons une revue de la littérature approfondie sur le BIM et la gestion de la relation client. Les revues de littérature sont fondamentales pour établir une base solide qui soutient le progrès des connaissances, enrichit le développement théorique, comble les lacunes existantes dans la recherche et met en lumière les domaines nécessitant une exploration plus poussée, selon Webster et Watson (2002). Jusqu'à présent, nous n'avons pas identifié de travaux académiques dans le domaine du management qui lient spécifiquement le BIM à la gestion de la relation client. Toutefois, l'aspect de l'engagement client dans le processus de conception et de construction, permis par le BIM, est largement discuté dans la littérature scientifique des domaines de l'ingénierie et de la construction. Pour apporter une perspective pratique à notre étude, nous avons analysé plusieurs études de cas qui se concentrent sur l'utilisation du BIM dans la gestion de la relation client. L'étude de cas, comme le soulignent Yin (2018) et Stake (1995), est une méthodologie de recherche permettant d'examiner en profondeur un phénomène contemporain dans son contexte réel. Cette approche nécessite une compréhension détaillée des expériences et des perceptions des personnes directement impliquées. La validité de l'étude de cas implique l'adoption de la méthode de la triangulation, qui consiste à utiliser plusieurs sources de données et méthodes de collecte. Cela inclut des interviews, des observations, des analyses de documents et parfois des sondages. Les études de cas évoquées dans ce chapitre ont été menées par des étudiants en Master Management et développement de patrimoines immobiliers, intégrés dans les organisations étudiées sur des périodes étendues allant jusqu'à deux ans. Cette immersion leur a permis de mobiliser diverses techniques de collecte de données pour obtenir une compréhension exhaustive des cas étudiés, offrant ainsi une vue riche et nuancée sur la manière dont le BIM peut influencer et améliorer la gestion de la relation client dans le secteur de la construction et de l'immobilier.

Ce chapitre est organisé en deux sections distinctes pour une analyse approfondie de l'impact du BIM sur la gestion de la relation client. Dans la première partie, nous examinons une revue de la littérature consacrée aux interactions entre le BIM et la gestion de la relation client. Cette revue est structurée autour de concepts clés tels que la personnalisation des services, l'*intelligence marketing*, le processus d'apprentissage continu, l'importance des outils technologiques et l'intégration des principes de développement durable. Nous explorons comment le BIM influence et modifie ces aspects fondamentaux de la gestion de la relation client, apportant ainsi des éclairages sur les transformations induites par cette technologie dans les pratiques commerciales actuelles. La seconde partie se concentre sur l'analyse d'études de cas qui illustrent concrètement l'impact du BIM sur la gestion de la relation client. Nous abordons plusieurs exemples tirés du secteur de la construction, du logement social et de l'immobilier tertiaire, où le BIM a été mis en œuvre. Ces études de cas mettent en lumière les bénéfices et les défis associés à l'adoption du BIM, offrant une perspective pratique et tangible sur son application et ses effets dans divers contextes organisationnels. Ensemble, ces deux parties fournissent une vue complète et nuancée de la manière dont le BIM peut transformer la gestion de la relation client, en soulignant à la fois les avantages stratégiques et les implications opérationnelles pour les entreprises du secteur immobilier.

Revue de la littérature sur le BIM et la gestion de la relation client

BIM et personnalisation de la relation client

Le BIM révolutionne profondément l'industrie de la construction, en particulier en améliorant la personnalisation de la relation client. Cette technologie offre aux entreprises de construction et d'architecture les moyens de proposer des expériences hautement personnalisées à leurs clients, renforçant ainsi leur engagement et leur satisfaction. Le BIM sert de plateforme collaborative, permettant aux différentes parties prenantes de visualiser et de comprendre les plans de construction en 3D avec clarté. Au cœur du processus de construction, le BIM joue un rôle crucial en facilitant la communication entre les clients et les équipes de projet dès la phase de conception. Cette interaction précoce permet de bâtir une relation de confiance et de transparence, essentielle pour la satisfaction des clients. Les représentations visuelles détaillées fournies par le BIM permettent aux clients de voir concrètement leur projet avant même le début de la construction, clarifiant les attentes et minimisant les risques de malentendus (Azhar *et al.*, 2011). Grâce au BIM, les clients peuvent participer activement à la conception de leur projet, visualisant des ajustements en temps réel et personnalisant le bâtiment selon leurs spécifications. Cela non seulement renforce leur implication, mais augmente également leur satisfaction en leur donnant un contrôle direct sur le résultat final. Durant la construction, le BIM continue de jouer un rôle crucial en offrant des outils pour suivre et gérer la progression du projet de manière transparente (Abanda *et al.*, 2018). Les clients bénéficient d'accès à des mises à jour en temps réel, renforçant leur sentiment de contrôle et leur engagement dans le projet. De plus, la précision du BIM permet une extraction efficace des quantités de matériaux et de leurs spécifications, conduisant à des estimations de coûts plus précises et aidant à maintenir les budgets sous contrôle (BSI, 2010). Après l'achèvement du projet, le modèle BIM devient un outil précieux pour la maintenance et l'exploitation des bâtiments, offrant une valeur ajoutée durable. Cette utilisation continue du modèle BIM peut grandement simplifier la gestion des bâtiments, améliorant ainsi l'expérience client sur le long terme. En somme, le BIM enrichit la relation client à chaque étape du processus de construction, améliorant la communication, facilitant la prise de décision, gérant les attentes et offrant une valeur continue bien après l'achèvement du projet. Ces avantages font du BIM un outil indispensable pour les entreprises cherchant à améliorer leur relation client dans le secteur de la construction.

BIM et intelligence marketing

L'*intelligence marketing*, ou le marketing basé sur les données, repose sur l'exploitation de données, d'analyses et de technologies, pour rendre les décisions marketing plus précises et efficaces (Davenport & Harris, 2007 ; Kotler & Keller, 2016 ; Chaffey & Ellis-Chadwick, 2019). Cette approche est fondée sur la collecte, l'analyse et l'interprétation de vastes quantités de données issues de diverses sources, incluant les comportements des consommateurs, les interactions sur les réseaux sociaux et les transactions commerciales.

L'objectif est de mieux comprendre les besoins et comportements des clients pour optimiser l'impact des stratégies marketing. Le BIM joue un rôle crucial dans cette démarche en générant une masse importante de données sur les projets de construction, telles que des détails sur les bâtiments, les matériaux utilisés, les coûts et les délais de réalisation. L'analyse de ces données permet aux entreprises de construction de détecter les tendances du marché, d'identifier les opportunités de croissance et de prévoir les besoins futurs du secteur immobilier. Grâce aux informations détaillées fournies par le BIM, les entreprises de construction peuvent offrir des solutions personnalisées qui répondent spécifiquement aux exigences des clients. Par exemple, elles peuvent adapter leurs conceptions pour refléter les préférences individuelles des clients, respecter les normes régionales spécifiques, ou intégrer des solutions écologiques pour attirer les clients préoccupés par la durabilité. Le BIM facilite également la création de modèles 3D réalistes des projets en cours, qui peuvent être utilisés pour générer des visites virtuelles immersives. Ces visites peuvent jouer un rôle clé dans la promotion des projets, en aidant les clients potentiels à visualiser le produit final de manière plus concrète et engageante, augmentant ainsi les chances de conversion. En outre, l'*intelligence marketing* permet d'évaluer les performances des projets de construction et de cibler les domaines nécessitant des améliorations. L'utilisation de techniques d'analyse prédictive, par exemple, aide les entreprises à anticiper et à prévenir d'éventuels retards, optimisant ainsi les opérations et la satisfaction client. En définitive, en exploitant les données dérivées du BIM, les entreprises de construction peuvent non seulement comprendre de manière approfondie les besoins et préférences des clients mais aussi cibler plus efficacement les segments de marché pertinents, affinant leurs stratégies marketing pour toucher les clients de manière plus précise et impactante.

BIM et processus d'apprentissage continu en matière de gestion de la relation client

L'apprentissage continu est crucial dans la gestion de la relation client, offrant une méthode stratégique pour améliorer constamment les interactions avec les clients par la collecte, l'analyse et l'exploitation des connaissances. Cette approche permet aux organisations de rester compétitives et de répondre de manière plus adaptée aux besoins évolutifs des clients en ajustant leurs stratégies et pratiques de CRM. En tirant des leçons de chaque interaction client, les entreprises peuvent proactivement innover, développant de nouveaux produits, services et fonctionnalités qui s'alignent mieux sur les attentes des clients qui recherchent des expériences personnalisées répondant précisément à leurs besoins. Dans le domaine de la transaction immobilière, les modèles BIM jouent un rôle clé en permettant aux professionnels de conduire des analyses et des simulations avancées. Ces outils évaluent les performances des bâtiments, anticipent les conflits potentiels, optimisent les conceptions, estiment les coûts et planifient les constructions (Olawumi & Chan, 2019). En intégrant le BIM pour la modélisation et la coordination de projets, les entreprises peuvent détecter et résoudre les éventuels conflits de construction avant le début effectif des travaux et tout au long du cycle de vie du projet. Cela aide à réduire les retards et les erreurs coûteuses, renforçant ainsi la confiance des clients dans la capacité de l'entreprise à livrer des projets efficacement et sans incident. Cependant, l'optimisation de la gestion des informations via le BIM nécessite une collaboration étroite entre toutes les parties prenantes du projet. Le succès de l'implémentation du BIM repose sur des facteurs tels que le transfert de connaissances, le soutien et l'amélioration continus, la modernisation des infrastructures, la standardisation des caractéristiques des projets, ainsi que l'accessibilité et la disponibilité des informations. Ces éléments sont essentiels pour renforcer les capacités des équipes de projet et intégrer les innovations technologiques dans les processus de construction tout en améliorant les compétences techniques du personnel. Selon Poirier *et al.* (2015), le BIM agit comme un catalyseur de collaboration et a un impact positif significatif sur la productivité du travail. Les zones construites et préfabriquées en utilisant le BIM montrent une amélioration de la productivité de 75 % à 240 % par rapport aux zones non modélisées, soulignant ainsi le potentiel du BIM à augmenter l'efficacité de la main-d'œuvre. Ces améliorations de la productivité influent directement sur les délais de livraison des projets, la rentabilité et la qualité globale, ce qui se traduit par une meilleure satisfaction client et un avantage concurrentiel accru. GhaffarianHoseini *et al.* (2017) mettent en avant la nécessité d'intégrer le BIM avec des systèmes de gestion basés sur les connaissances. Le BIM joue un rôle essentiel en automatisant les systèmes de gestion de la construction et en améliorant la précision et l'efficacité de ces systèmes, ce qui est particulièrement important dans un contexte où les inspections manuelles peuvent souvent être imprécises, créant ainsi une demande pour des systèmes de gestion plus automatisés et précis. En intégrant le BIM dans les stratégies de CRM, les entreprises peuvent non seulement améliorer l'efficacité et la personnalisation de leurs services, mais aussi enrichir l'apprentissage continu et l'adaptabilité de leurs approches clients. Cette synergie entre le BIM et le CRM crée une dynamique où la technologie et la stratégie commerciale se renforcent mutuellement, conduisant à des relations clients plus fortes et plus profitables.

BIM, GED et gestion de la relation client

La Gestion électronique des documents (GED) et le *Building Information Modeling* (BIM) sont deux technologies distinctes mais complémentaires, particulièrement dans le secteur de la construction et de la gestion immobilière. La GED est essentiellement destinée à la collecte, au stockage, à la gestion et à la distribution de documents en format électronique. Ce système facilite l'organisation et la sécurisation des documents, accélère les processus de recherche et de traitement des informations, et améliore ainsi l'efficacité opérationnelle (Sutton, 1996). Ses applications sont diverses et couvrent la gestion de contrats, de factures, de correspondances et d'autres documents cruciaux pour les activités d'une entreprise. Le BIM, de son côté, se concentre sur la modélisation des informations liées aux bâtiments. Il permet de créer un modèle numérique 3D d'une structure, intégrant des données détaillées sur chaque composant physique et fonctionnel, incluant les aspects visuels, les matériaux, les coûts, les calendriers de projet et la performance énergétique, entre autres. La synergie entre GED et BIM se manifeste de plusieurs façons. Le BIM produit et gère des données complexes et détaillées sur les projets de construction, tandis que la GED peut servir de plateforme support pour organiser ces informations et les documents associés tels que les contrats et les spécifications techniques (Bielawski & Boyle, 1996). La GED permet également un accès simplifié aux documents et aux données du BIM pour toutes les parties prenantes du projet, comme l'équipe de conception, les entrepreneurs, les gestionnaires de bâtiment et les clients. Ce partage d'informations garantit que les données nécessaires sont disponibles en temps opportun, ce qui améliore la prise de décision et l'efficacité globale du projet. L'intégration du BIM et de la GED favorise un meilleur archivage et une traçabilité efficace des modifications au cours du cycle de vie d'un projet de construction, documentant les changements de conception, les décisions prises et les ajustements de coûts. Cette documentation exhaustive est cruciale pour la maintenance future ou les rénovations. En outre, la GED aide à assurer la conformité avec les normes légales et industrielles en matière de gestion de l'information et de protection des données, offrant, avec le BIM, un environnement sécurisé pour le stockage et l'échange d'informations sensibles. En combinant la modélisation et la simulation offertes par le BIM avec la gestion documentaire robuste de la GED, les entreprises peuvent optimiser leurs flux de travail, réduire les erreurs et les doublons et améliorer la collaboration entre les équipes. En résumé, tandis que le BIM se focalise sur la modélisation et la gestion des informations spécifiques au bâtiment, la GED fournit un cadre solide pour la gestion des documents liés. Ensemble, ces systèmes constituent une solution intégrée pour la gestion de projet dans le secteur de la construction, permettant une coordination plus efficace, une plus grande efficience opérationnelle et une réduction significative des risques tout au long du cycle de vie d'un bâtiment (Pittet *et al.* 2014).

L'intégration de la GED et du BIM peut révolutionner significativement la manière dont les entreprises du secteur de la construction interagissent avec leurs clients. Cette synergie entre les deux technologies ne se contente pas d'améliorer la gestion de projet et la productivité, elle renforce également de manière substantielle la communication, la confiance et la satisfaction des clients. La mise en commun des modèles BIM via une plateforme GED permet aux clients de suivre l'avancement du projet en temps réel, d'accéder à des documents importants et de saisir les nuances complexes des développements en cours. Cette transparence accrue fortifie la confiance et favorise une collaboration plus étroite entre les clients et les fournisseurs. Grâce à l'accès simplifié à des informations précises, les clients peuvent participer activement au processus décisionnel, proposant des retours et demandant des modifications opportunes pour garantir que le résultat final corresponde précisément à leurs attentes. En outre, la combinaison de la GED et du BIM optimise la communication en structurant et en clarifiant les échanges. Toutes les modifications, mises à jour et décisions clés sont documentées de manière transparente et sont facilement accessibles, assurant ainsi que toutes les parties prenantes disposent des mêmes informations. Cette documentation efficace permet de minimiser les malentendus et les erreurs potentielles, tout en offrant une plateforme robuste pour répondre rapidement aux interrogations ou préoccupations des clients, ce qui améliore leur satisfaction globale. En somme, l'intégration de la GED et du BIM transforme la dynamique traditionnelle client-fournisseur dans le secteur de la construction en facilitant un dialogue ouvert et en permettant une implication client plus profonde et plus significative tout au long du cycle de vie du projet.

BIM, développement durable et gestion de la relation client

Le BIM est devenu un instrument crucial pour le développement durable dans le secteur de la construction. Au-delà de la simple conception de bâtiments, le BIM influence positivement l'ensemble du cycle de vie d'un projet, de la planification à la démolition. Ce système permet aux architectes et aux ingénieurs de simuler et d'analyser l'efficacité énergétique des structures dès les premières phases de conception. Grâce à des fonctionnalités avancées telles que la modélisation de l'éclairage naturel et les simulations thermiques, le BIM facilite la prise de décisions qui minimisent la consommation d'énergie, réduisent les émissions de carbone et améliorent le confort des occupants (Schwegler, 2010). En optimisant l'utilisation des matériaux, le BIM contribue également à réduire les déchets de construction. Il permet une estimation précise des quantités nécessaires, favorisant ainsi l'économie de ressources. De plus, le BIM encourage l'emploi de matériaux recyclés ou durables en intégrant des critères de sélection écologiques dès le processus de conception (Olawumi & Chan, 2018). L'entretien des bâtiments est également transformé par le BIM. Les données intégrées facilitent une gestion proactive de la maintenance, permettant aux gestionnaires de suivre l'état des équipements en temps réel et de planifier les interventions préventives, ce qui prolonge la durée de vie des installations et réduit les coûts de réparation (Rasolofo-Distler, 2023). À la fin de la vie d'un bâtiment, le BIM simplifie la planification de la déconstruction et du recyclage. Un inventaire détaillé des matériaux et composants utilisés est disponible, rendant plus aisée l'organisation du recyclage ou de la réutilisation et soutenant ainsi les principes d'une économie circulaire (Alwan *et al.*, 2017). La collaboration est essentielle pour la réussite de ces initiatives de développement durable, et le BIM en est le catalyseur. Il facilite l'interaction entre tous les acteurs d'un projet, y compris les consultants en durabilité, les designers, les constructeurs, et les clients, accélérant l'adoption de solutions écologiques et assurant l'intégration des objectifs environnementaux à chaque étape du projet. Enfin, les capacités de documentation et de suivi avancées offertes par le BIM garantissent la conformité aux normes environnementales et aux certifications de bâtiment vert, telles que LEED[1] ou BREEAM[2]. Ces fonctionnalités permettent de documenter méticuleusement les initiatives de durabilité et de vérifier le respect des exigences réglementaires (Jalaei & Jrad, 2015 ; Rasolofo-Distler, 2023). En somme, le BIM est un pilier de l'effort écologique dans la construction moderne, contribuant non seulement à des bâtiments plus verts, mais aussi à une gestion plus efficace et durable des ressources du projet.

Le BIM enrichit la conception architecturale en permettant la visualisation de l'impact environnemental des choix de conception à travers des simulations et visualisations 3D. Ce processus offre un rôle éducatif précieux pour les clients et les décideurs, les sensibilisant à l'importance de la durabilité et encourageant des choix plus respectueux de l'environnement. Lorsque le BIM est associé au développement durable et à la gestion de la relation client, il en résulte une synergie qui peut significativement améliorer la satisfaction client tout en atteignant les objectifs de durabilité. Par exemple, en utilisant le BIM pour concevoir des bâtiments qui non seulement répondent aux besoins spécifiques des clients mais sont également économes en énergie et construits avec des matériaux durables, les entreprises peuvent proposer des solutions qui attirent des clients éco-conscients, c'est-à-dire conscients et préoccupés par les enjeux environnementaux. De plus, le BIM facilite une communication transparente et détaillée sur les aspects durables d'un projet. En expliquant comment un bâtiment réduit son empreinte écologique et en mettant en avant les économies potentielles en termes de coûts énergétiques et de maintenance, les entreprises peuvent ren-

1 *Leadership in Energy and Environmental Design.*

2 BRE, *Building Research Establishment* – EAM, *Environmental Assessment Method.*

forcer leur relation avec les clients en se positionnant comme des partenaires responsables et attentifs à l'environnement. Les entreprises qui intègrent harmonieusement le BIM, le développement durable et une gestion efficace de la relation client bénéficient d'un avantage compétitif notable. En proposant des solutions innovantes et respectueuses de l'environnement qui répondent activement aux préoccupations des clients, elles se distinguent sur le marché, attirent de nouveaux clients et fidélisent leur clientèle existante. En conclusion, l'adoption du BIM en synergie avec le développement durable et une approche centrée sur le client crée un cadre robuste pour la réalisation de projets de construction non seulement technologiquement avancés et écologiquement responsables, mais aussi parfaitement alignés avec les attentes et les besoins des clients. Cette stratégie intégrée est cruciale pour les entreprises qui aspirent à innover et à exceller dans le marché compétitif actuel.

BIM et difficultés de mise en œuvre

Le BIM révolutionne la collaboration entre les parties prenantes d'un projet de construction, comme les architectes, les ingénieurs, les entrepreneurs et les clients, en leur fournissant un modèle numérique commun. Cette collaboration améliorée minimise les risques d'erreurs et de conflits, et optimise la coordination entre les équipes. Une étude sur le retour sur investissement du BIM montre des économies notables, soulignant les avantages considérables malgré les coûts initiaux d'implémentation (Ullah *et al.*, 2019). Les problèmes sont détectés et résolus plus tôt dans le processus, évitant ainsi les retards et les dépassements de coûts. Cependant, l'adoption du BIM requiert un investissement initial substantiel en formation, logiciels, matériel et temps (Tong *et al.*, 2015), ce qui peut représenter un défi, notamment pour les petites et moyennes entreprises (Bamgbose *et al.*, 2024). La réussite de l'intégration du BIM dépend de la formation adéquate des utilisateurs et d'une culture organisationnelle ouverte au changement. Les défis de transition vers le BIM peuvent inclure la résistance au changement ou le manque de compétences techniques (Sholeh et *al.*, 2020). L'interopérabilité entre différents logiciels BIM pose également problème, car les entreprises utilisent souvent diverses applications qui ont leurs propres formats de fichier. Assurer une intégration fluide entre ces logiciels est donc un défi technique non négligeable (Azhar *et al.*, 2011). De plus, le BIM génère une grande quantité de données sensibles sur les projets, nécessitant des politiques strictes pour garantir la sécurité et la confidentialité des données. L'industrie du BIM continue d'évoluer, avec de nombreuses normes et protocoles en développement, ce qui peut compliquer la conformité aux normes et la compatibilité entre systèmes. En résumé, bien que le BIM présente des avantages substantiels en termes de réduction des erreurs, d'amélioration de la communication et d'optimisation des processus, il implique des défis liés aux coûts initiaux, à la formation, à l'interopérabilité des logiciels et à la conformité aux normes.

Après avoir exploré dans la première partie de ce chapitre la théorie et les recherches existantes sur l'interaction entre le BIM et la gestion de la relation client, nous allons désormais nous tourner vers des applications pratiques de ces concepts. La transition de la revue de la littérature vers des études de cas concrets permet de voir comment les principes théoriques sont mis en œuvre dans des contextes réels et quel impact ils ont sur le terrain. Nous examinerons ainsi une série de projets spécifiques où le BIM a été appliqué, efficacement ou parfois avec des difficultés, pour améliorer les interactions avec les clients et optimiser les résultats des projets de construction. Ces études de cas illustreront les défis rencontrés, les solutions mises en œuvre et les bénéfices réalisés, fournissant ainsi une compréhension approfondie de l'efficacité du BIM dans divers environnements et scénarios de projet. Nous verrons comment les entreprises ont réussi à intégrer le BIM dans leurs processus de gestion de la relation client et comment cela a contribué à une meilleure satisfaction client, une plus grande efficacité opérationnelle, et finalement, à un avantage concurrentiel sur le marché.

Études de cas sur l'impact du BIM dans la gestion de la relation client

BIM et GED : le cas de la RIVP[1]

La Régie immobilière de la Ville de Paris (RIVP) joue un rôle prépondérant dans le secteur de l'immobilier social à Paris. En tant que société d'économie mixte locale, elle a été créée en 1923, avec la Ville de Paris comme actionnaire principal. Sa mission principale est la gestion d'un vaste parc de logements sociaux, mais elle gère également des résidences étudiantes, des foyers, ainsi que des espaces commerciaux et des bureaux. L'expérience de la RIVP illustre comment les technologies numériques peuvent être exploitées pour surmonter les défis stratégiques auxquels font face les bailleurs sociaux. Ces défis incluent la gestion des logements vacants, les impayés, les maintenances diverses, les adaptations de logements, la sécurité des biens et des personnes, la préparation des budgets, la planification des travaux, la communication avec les locataires, ainsi que les problématiques énergétiques et environnementales. Cette étude de cas souligne les initiatives numériques spécifiques que la RIVP a déployées ou envisage de mettre en place pour moderniser ses opérations. Parmi celles-ci figurent la gestion électronique des documents (GED), la lecture automatique des documents (LAD), l'intégration de *workflows* et la signature électronique. Associés au BIM, ces outils numériques visent à numériser et centraliser les informations, à améliorer la communication, à réduire les coûts opérationnels, à augmenter la productivité et à renforcer la gestion environnementale de l'organisme.

En effet, ces dernières années, la RIVP a renforcé son engagement envers l'innovation technologique, notamment par l'adoption du

1 Benayed, W. (2022). *Comment les technologies numériques peuvent améliorer le travail des bailleurs sociaux*. Mémoire soutenu en Master Management et développement de patrimoines immobiliers, IAE Metz – Université de Lorraine.

BIM. Cette initiative vise à améliorer la visualisation et la gestion de son patrimoine immobilier. Comme l'indique Benayed (2022, p. 40), « L'avantage de ces maquettes repose sur le fait que l'ensemble des acteurs interviennent dans sa conception, ainsi nous pouvons avoir la certitude que le projet avancé par le maître d'œuvre respecte le cahier des charges du maître d'ouvrage, que ce soit en termes de dimensions ou bien au respect du choix et de l'installation des équipements. Le BIM a donc pour objectif de mieux restituer le travail des bureaux d'études, des entreprises et des prestataires lors de la phase conception du projet de construction ou de réhabilitation. » Un projet notable dans cette démarche est l'introduction d'outils de réalité virtuelle pour les gardiens, leur permettant de visualiser avec précision les loges réhabilitées. En outre, l'entreprise a établi des partenariats stratégiques avec des start-up pour intégrer les locataires dans les projets de rénovation, favorisant ainsi une approche participative et collaborative entre les locataires et les acteurs des travaux. Ces rénovations se déroulent sans perturber les locataires, malgré la complexité des interventions en milieu occupé. Parallèlement, l'association du BIM avec la GED a joué un rôle déterminant dans l'amélioration de la relation client, surtout dans un contexte de plus en plus numérisé où l'efficacité et la rapidité sont primordiales. L'implémentation de la GED a radicalement transformé la manière dont l'entreprise interagit avec ses clients locataires. Ce système permet un accès rapide et aisé aux documents et informations client, ce qui réduit considérablement les délais de réponse et augmente la satisfaction client. Les employés bénéficient d'un accès immédiat aux dossiers clients, aux historiques de transactions et aux communications antérieures, ce qui leur permet de fournir des réponses plus informées et personnalisées. Avec des documents facilement accessibles et partageables, la GED améliore la communication interne et externe, permettant une transmission rapide des informations pertinentes aux clients, ce qui renforce la transparence et la confiance. De plus, la GED garantit la sécurité des documents sensibles et aide à respecter les réglementations en matière de protection des données personnelles, un aspect crucial pour maintenir la confiance des clients et éviter les sanctions légales. Le système de GED permet également d'automatiser le tri, l'assignation et le suivi des demandes et réclamations des clients, assurant que chaque requête est traitée efficacement et rapidement, améliorant ainsi l'expérience client dans son ensemble.

La LAD, quant à elle, est une technologie avancée qui convertit des documents non structurés, tels que des lettres, des factures et des bons de commande, en données numériques structurées. Cette transformation s'appuie sur la reconnaissance optique de caractères (OCR, *Optical Character Recognition*) et l'intelligence artificielle pour faciliter et automatiser le traitement des informations. L'incorporation de la LAD dans la gestion de la relation client offre de multiples avantages qui peuvent significativement améliorer les interactions entre une entreprise et sa clientèle. L'utilisation de la LAD accélère le traitement des documents reçus, permettant ainsi aux entreprises de répondre plus rapidement aux demandes ou questions des clients. Cette automatisation de la saisie des données libère les employés pour qu'ils se consacrent à des tâches à plus forte valeur ajoutée, comme l'interaction directe avec les clients, renforçant ainsi les relations et l'engagement client. En réduisant les erreurs associées à la saisie manuelle des données, la LAD assure une plus grande précision dans le traitement des informations client. Les données structurées obtenues grâce à la LAD permettent aux entreprises de mieux comprendre les besoins et les préférences des clients, ce qui favorise une personnalisation plus poussée des services et des communications. Par exemple, pour la RIVP, une gestion améliorée des données grâce à la LAD permet de mieux anticiper et répondre aux besoins des clients, offrant ainsi des solutions plus proactives qui augmentent la satisfaction et la fidélisation des clients. Les délais de réponse réduits et la précision accrue dans le traitement des demandes contribuent également à une expérience client améliorée. La capacité de traiter rapidement et avec précision un grand volume de documents diminue les risques d'erreurs et de non-conformité. De plus, la LAD aide à garantir que les données sont traitées et stockées en conformité avec les réglementations en vigueur, telles que le RGPD pour la protection des données personnelles, assurant ainsi la sécurité et la confidentialité des informations des clients. En résumé, l'intégration de la LAD dans la gestion de la relation client a transformé la manière dont la RIVP interagit avec ses clients, en automatisant les processus, en réduisant les erreurs et en améliorant la personnalisation du service, contribuant ainsi à une relation client plus efficace et plus satisfaisante. Comme le souligne Benayed (2022, p. 20), l'objectif est « de supprimer le grand nombre d'intermédiaires, ainsi, le gestionnaire de l'immeuble peut directement s'adresser à ses locataires sans devoir envoyer un courrier recommandé et donc s'adresser au service courrier, du bailleur, puis du service postal pour enfin que le locataire soit averti dans les prochains jours ou semaines. Désormais les courriers sont instantanés. Ainsi, les échanges sont plus efficaces et fluides, les questions des locataires peuvent être adressées et répondues instantanément. »

En conclusion, cette étude de cas met en lumière que, malgré les défis inhérents à l'adoption du numérique, tels que les coûts associés à la transition numérique et la nécessité d'adapter les technologies aux besoins spécifiques des utilisateurs, les bénéfices en termes d'amélioration des services aux locataires, de gestion optimisée des ressources et d'efficacité opérationnelle sont considérables. Il est conseillé d'adopter une démarche progressive et personnalisée pour l'intégration des technologies numériques dans les pratiques des bailleurs sociaux. Cette stratégie permet non seulement de surmonter les obstacles rencontrés, mais aussi de maximiser les avantages tant pour les locataires que pour l'organisation elle-même.

BIM et optimisation des données patrimoniales : le cas de la SNCF Gares & Connexions[1]

La SNCF Gares & Connexions, une branche spécialisée de la Société nationale des chemins de fer français (SNCF), est dédiée à la gestion, à l'exploitation et au développement des gares ferroviaires en France. Créée en 2009, cette entité répond à des besoins spécifiques liés aux espaces de gare et vise à améliorer l'expérience des voyageurs. L'adoption du BIM par SNCF Gares & Connexions illustre comment cette technologie peut être un levier stratégique pour optimiser la gestion patrimoniale et, par extension, améliorer la relation client au sein de l'organisation. Cette étude de cas est structurée autour de deux axes principaux, notamment l'évolution des outils numériques tels que le système d'information et le projet BIM, ainsi qu'une transformation de la culture d'entreprise axée sur l'amélioration continue des processus et une augmentation de la rentabilité et de la compétitivité. L'analyse souligne l'impact potentiel de ces technologies sur la capacité de l'entreprise à mieux comprendre et gérer son patrimoine, ce qui améliore l'efficacité opérationnelle et la qualité des services offerts aux clients. Une attention particulière est portée au BIM, perçu comme une solution prometteuse pour centraliser et enrichir les données patrimoniales. Cependant, il est reconnu que le déploiement à grande échelle du BIM représente un défi significatif. Cette étude de cas met en lumière les possibilités offertes par le BIM pour transformer la gestion des infrastructures gare et renforcer les interactions avec les voyageurs, tout en abordant les obstacles qui freinent encore son adoption pleine et entière.

L'intégration du BIM dans la gestion des données patrimoniales transforme radicalement la manière dont les actifs immobiliers sont gérés et valorisés. En utilisant le BIM, les entreprises et organisations

---

1 Dieudonné, J. (2022). *En quoi la mise en qualité et l'optimisation des données patrimoniales peut-elle constituer un choix stratégique pour SNCF Gares & Connexions ?* Mémoire soutenu en Master Management et développement de patrimoines immobiliers, IAE Metz – Université de Lorraine.

bénéficient d'une gamme étendue d'avantages, améliorant significativement la compréhension et la gestion de leurs actifs. Le BIM fournit des outils précis pour l'analyse de l'utilisation des espaces, aidant à identifier les zones sous-utilisées ou à optimiser l'agencement pour renforcer l'efficacité énergétique et le confort des occupants. Cette approche est particulièrement avantageuse pour les gestionnaires de grands portefeuilles immobiliers qui cherchent à maximiser la rentabilité de leurs investissements. Dans le contexte de la SNCF Gares & Connexions, le BIM a apporté des améliorations significatives au processus de gestion locative, en particulier pour les vastes gares parisiennes. La gestion de ces grands espaces et des services variés nécessaires pour les voyageurs complexifie la gestion locative. Les gestionnaires sont souvent confrontés à des défis tels que la mise à jour des plans des locaux, qui ne reflètent pas toujours les modifications survenues suite aux travaux ou à d'autres facteurs. Le BIM permet aux gestionnaires de planifier et d'optimiser efficacement l'agencement des espaces, de surveiller l'utilisation et d'identifier les espaces inutilisés ou sous-utilisés, maximisant ainsi la rentabilité. En outre, il est essentiel d'améliorer la compréhension des processus de gestion locative par les locataires pour clarifier leurs droits et obligations. Dans ce cadre, le BIM vise à simplifier et rationaliser les processus de gestion locative, améliorer la communication avec les locataires et aligner les pratiques de gestion avec les besoins et attentes des locataires tout en préservant les intérêts de l'entreprise. L'adoption du BIM contribue donc à une gestion plus efficace et transparente, améliorant ainsi l'expérience des locataires et renforçant la gestion globale du patrimoine.

De plus, le BIM révolutionne la gestion des données patrimoniales en centralisant toutes les informations relatives aux bâtiments dans un modèle numérique unique et cohérent. Ce modèle intègre non seulement les données géométriques telles que les dimensions et les formes, mais aussi des informations détaillées sur les matériaux, les équipements et l'état des éléments de construction. Cette centralisation facilite l'accès aux données pour tous les acteurs impliqués, des gestionnaires de patrimoine aux équipes de maintenance. Grâce à la précision et à l'actualisation des données fournies par le BIM, la planification et l'exécution de la maintenance préventive et corrective deviennent nettement plus efficaces. Le BIM permet une identification rapide des composants qui nécessitent une intervention, optimisant ainsi les cycles de maintenance, prolongeant la durée de vie des actifs et réduisant les coûts à long terme. Les informations riches et structurées offertes par le BIM facilitent également une prise de décision éclairée en matière de gestion patrimoniale. Les simulations et analyses réalisées grâce au BIM permettent d'évaluer les impacts de différentes options de rénovation ou de gestion opérationnelle, aidant ainsi à sélectionner les stratégies les plus économiques et durables. Dans le cas de la SNCF Gares & Connexions, un projet a été lancé afin d'aller plus loin dans l'utilisation du BIM : « L'entreprise souhaite désormais pouvoir gérer, exploiter et assurer la maintenance du patrimoine physique et numérique de ses gares. Ainsi, le 8 juin 2020, SNCF Gares & Connexions a signé un contrat avec Dalkia (groupe SNCF) et Stereograph (entreprise experte en maquette numérique) pour le déploiement du BIM dans le but de rassembler un ensemble de données relatives à l'état et aux évolutions de plus d'une centaine de gares françaises. D'ici 2024, le déploiement du BIM va donc concerner 110 gares sur le territoire, nous sommes encore loin des 3 000 gares françaises ou encore des 400 gares sur la région Grand-Est. » (Dieudonné, 2022, p. 19-20). Il est recommandé de mettre en œuvre des stratégies pour optimiser efficacement les données patrimoniales, incluant le développement des compétences internes, l'amélioration des processus et l'adoption d'une culture plus orientée vers le numérique. Ces mesures sont cruciales pour renforcer la position de SNCF Gares & Connexions sur le marché et améliorer l'expérience client en proposant des services plus adaptés et en valorisant le patrimoine géré. Ces initiatives sont essentielles pour maintenir la compétitivité et assurer un service client de haute qualité dans un environnement de plus en plus numérisé.

BIM et développement durable dans l'immobilier tertiaire : les cas de Vinci Construction[1] *et de Lidl*[2]

L'immobilier tertiaire, également connu sous le terme d'immobilier commercial, englobe une variété de propriétés utilisées pour des activités commerciales. Il peut s'agir de bureaux d'entreprises, incluant les sièges sociaux, les agences et les centres d'affaires. Les configurations peuvent varier de grands immeubles de bureaux dans les centres urbains à des parcs d'affaires en périphérie. Il peut s'agir de commerces comme les magasins de détail, les centres commerciaux, les boutiques et les grands magasins. Ces espaces sont conçus pour faciliter les transactions commerciales directes avec les consommateurs. Il peut s'agir de propriétés industrielles comprenant les usines, les entrepôts et les centres de distribution. Ces installations sont souvent situées dans des zones industrielles et sont essentielles pour la production, le stockage et la distribution de biens. Il peut s'agir d'immobilier de loisirs incluant des hôtels, des restaurants, des cafés, des cinémas et des clubs, qui sont destinés à fournir des services de loisirs et de détente au public. Il peut s'agir également d'immobilier dans le domaine de la santé comme les hôpitaux, cliniques, laboratoires et autres installations de santé offrant des espaces spécialisés pour les services de soins de santé, ou encore dans le domaine de l'éducation comme les écoles, universités et autres institutions éducatives. Bien que souvent considérées comme des propriétés spéciales, elles peuvent également être classées dans l'immobilier tertiaire lorsqu'elles sont construites et gérées par des entités privées.

Vinci Construction, une filiale de Vinci Group, l'une des plus grandes entreprises de construction et de concessions mondiales

1 Jacob, A. (2022). *Les enjeux du développement durable dans la construction de l'immobilier tertiaire*. Mémoire soutenu en Master Management et développement de patrimoines immobiliers, IAE Metz – Université de Lorraine.

2 Petit, A. (2022). *Le rôle du Facility Manager dans la démarche RSE d'une entreprise*. Mémoire soutenu en Master Management et développement de patrimoines immobiliers, IAE Metz – Université de Lorraine.

basée en France, est spécialisée dans la réalisation de projets de construction dans divers secteurs tels que le bâtiment, le génie civil, l'hydraulique et les services liés à la construction. L'exemple de Vinci Construction illustre comment les principes du développement durable influencent les stratégies et les opérations, et par extension, la relation client dans l'industrie de la construction. L'entreprise met particulièrement en lumière les diverses applications du développement durable dans la construction tertiaire, notamment à travers l'utilisation de matériaux à faible empreinte carbone, les principes de l'économie circulaire et l'adoption de technologies numériques telles que le BIM. Comme l'évoque Jacob (2022, p. 17-18) : « En 2021, Vinci Construction France se prévalait d'avoir effectué 789 millions d'euros d'achats avec ses partenaires en contrats-cadres, dans le cadre de la charte d'engagement de performance globale des fournisseurs du groupe Vinci. La volonté affichée est donc d'aborder la construction sous un nouvel angle, celui de la transition écologique. Des réalisations d'infrastructures de mobilité bas carbone ainsi que des rénovations massives de bâtiments avec des offres à faible valeur énergétique sont désirées par les clients. Ces derniers font partie de l'équation de la stratégie globale immobilière de Vinci Construction France puisqu'en plus d'être à l'avènement d'une commande, ils seront les occupants. » Le cas de Vinci Construction souligne la nécessité de la numérisation et de la digitalisation dans la conception de bâtiments durables, démontrant comment ces approches peuvent non seulement améliorer l'efficacité et réduire les coûts, mais également augmenter la satisfaction client. L'accent est mis sur l'impact positif que la construction durable peut avoir sur la relation client, améliorant la qualité de vie des occupants, répondant à leurs attentes en matière de durabilité et renforçant la réputation ainsi que la compétitivité des entreprises sur le marché immobilier.

De plus, la construction de propriétés tertiaires nécessite une approche spécifique, distincte de la construction résidentielle ou d'autres types de projets. La sélection du site, par exemple, est cruciale et doit répondre à des critères commerciaux spécifiques tels que l'accessibilité, la visibilité et la proximité des clients ou fournisseurs, tout en respectant les réglementations de zonage. Avant de commencer la construction, une étude de faisabilité est réalisée pour évaluer la viabilité économique du projet, incluant une analyse du marché, une estimation des coûts et le retour sur investissement attendu. Les plans sont élaborés en prenant en compte l'esthétique, la fonctionnalité, l'efficacité énergétique et la flexibilité des espaces pour s'adapter à divers usages commerciaux ou bureautiques. La procédure d'obtention des permis est souvent complexe, nécessitant la soumission des plans de construction pour approbation aux autorités locales, tout en respectant les codes du bâtiment et les normes environnementales. L'utilisation du BIM est ainsi de plus en plus courante dans la construction tertiaire pour la visualisation 3D, la coordination des processus de construction et la gestion des informations du bâtiment tout au long de son cycle de vie. Comme le souligne Jacob (2022, p. 26), le BIM permet « une meilleure appréhension de l'écosystème qui emploie tous les leviers nécessaires à la construction, avec une aide cognitive et une visualisation qui rendent une prise d'information avantageuse. Si des doutes étaient émis par l'utilisateur final ou le client, il peut se faire une idée de la proche réalité ». Le label Attitude Environnement de Vinci Construction est reconnu par le *Building Research Establishment* (BRE) pour répondre aux exigences du niveau exemplaire des référentiels BREEAM. Cela signifie que les maîtres d'ouvrage qui optent pour une certification BREEAM peuvent obtenir un crédit innovation grâce aux pratiques responsables de construction lorsqu'ils utilisent les services de Vinci Construction comme entreprise générale ou principale.

Le deuxième exemple d'entreprise que nous examinerons pour illustrer l'utilisation du BIM dans la promotion du développement durable dans l'immobilier tertiaire concerne Lidl, une chaîne internationale de supermarchés discount originaire d'Allemagne. L'exemple de Lidl met en lumière une exigence spécifique du développement durable applicable à l'immobilier tertiaire, illustrée par le décret tertiaire. Ce décret, officiellement nommé « décret relatif aux obligations d'actions de réduction de la consommation énergétique dans les bâtiments à usage tertiaire », s'inscrit dans le cadre de la loi ELAN (Évolution du Logement, de l'Aménagement et du Numérique) adoptée en France en 2018. Il vise à diminuer les consommations énergétiques des bâtiments tertiaires pour contribuer aux objectifs environnementaux de la France, notamment ceux du Plan Bâtiment durable. Selon le décret, les bâtiments tertiaires doivent réduire leur consommation d'énergie primaire de 40 % d'ici 2030, de 50 % d'ici 2040, et de 60 % d'ici 2050 par rapport à une année de référence, souvent 2010. Ce cadre réglementaire s'applique aux bâtiments tertiaires ou parties de bâtiments de plus de 1 000 m², quelles que soient leurs activités (bureaux, commerces, hôtels, établissements d'enseignement, etc.). Les propriétaires de ces bâtiments doivent élaborer et mettre à jour tous les dix ans un plan d'actions pour atteindre ces objectifs de réduction. Un suivi annuel de la consommation énergétique est également requis, avec une obligation de rapporter les données chaque année *via* la plateforme numérique OPERAT gérée par l'ADEME (Agence de la transition écologique). Des sanctions, incluant des amendes administratives, peuvent être appliquées en cas de non-respect de ces obligations. Certaines propriétés peuvent obtenir des exemptions ou des délais supplémentaires en raison de contraintes techniques, architecturales ou patrimoniales.

Dans ce contexte, le rôle du *Facility Manager* chez Lidl devient central dans la promotion de la durabilité. Le *Facility Manager* ou gestionnaire de services généraux est un professionnel chargé de la gestion et de la coordination des opérations liées aux infrastructures et aux services d'un bâtiment ou d'un ensemble de bâtiments. Leur rôle consiste à assurer le bon fonctionnement des installations et des services qui contribuent au confort, à la sécurité et à l'efficacité opérationnelle des occupants. Le *Facility Manager* joue un rôle clé dans l'application des principes de la responsabilité sociale des entreprises (RSE) à travers une gestion efficace des ressources, l'entretien des bâtiments et l'implémentation de projets écologiques.

Agissant comme un lien entre la stratégie de l'entreprise et sa mise en œuvre pratique, le *Facility Manager* assure que les bâtiments et les opérations immobilières reflètent les engagements RSE de l'entreprise, notamment en matière d'efficacité énergétique, de réduction des déchets, de maintien de la biodiversité et de promotion du bien-être des utilisateurs. L'étude de cas sur Lidl met également en avant l'importance des outils numériques et des systèmes d'information, tels que le BIM et les systèmes de gestion des bâtiments, qui permettent au *Facility Manager* de surveiller et d'optimiser la performance énergétique, de minimiser l'impact environnemental et d'améliorer la satisfaction des utilisateurs, tout en respectant les réglementations et les standards RSE. En guise d'exemple, la plateforme logistique multi-température de 46 000 m² à Saint-Quentin-Fallavier, gérée par Lidl, est devenue, en 2019, la première en France à obtenir le niveau « Excellent » de la certification BREEAM pour les bâtiments. Ce projet piloté avec la technologie BIM a impliqué des innovations telles que l'utilisation d'éclairage LED réduisant la consommation énergétique de 70 %, la réhabilitation d'une friche industrielle, la création d'habitats pour la faune et la flore, ainsi que l'amélioration du confort des usagers. Toutefois, cette étude de cas sur Lidl a également mis en exergue la nécessité pour les *Facility Managers* d'être intégrés dans la planification stratégique RSE des entreprises et recommande une formation continue et un développement professionnel pour les équiper des compétences nécessaires à l'intégration efficace des objectifs de durabilité dans leurs pratiques de gestion quotidienne.

En conclusion, le BIM favorise une approche intégrée du développement durable dans la construction immobilière, où les considérations environnementales, économiques et sociales sont harmonieusement combinées. Les études de cas de Vinci Construction et de Lidl mettent en lumière l'interconnexion entre le BIM, le développement durable et la relation client dans l'immobilier tertiaire, soulignant que le succès futur dans ce secteur dépendra de la capacité des entreprises à intégrer ces principes et outils de manière efficace et innovante. De plus, le rôle crucial du BIM pour les *Facility Managers* dans l'alignement des pratiques de gestion immobilière sur les objectifs de développement durable et de responsabilité sociale de l'entreprise est illustré, mettant en évidence l'impact direct de cette fonction sur la perception de l'engagement environnemental de l'entreprise par les clients.

BIM et management participatif de la relation client : le cas d'Icade[1]

Le BIM ne se limite pas à être un simple outil pour la gestion de la construction et la modélisation des bâtiments, il offre également des avantages considérables pour le management participatif de la relation client. L'intégration du BIM dans les processus de gestion de la relation client peut métamorphoser la manière dont les projets sont communiqués et gérés, en favorisant la transparence et en encourageant une approche plus collaborative. Pour illustrer cette perspective, nous allons nous pencher sur le cas d'Icade, une société immobilière majeure en France, spécialisée dans la promotion et la gestion de biens immobiliers. En tant que société d'investissement immobilier cotée (SIIC), Icade opère principalement dans les secteurs des bureaux, des parcs d'affaires, de la santé et du logement, tout en jouant un rôle significatif dans le développement urbain en France. Icade est renommée pour son engagement envers le développement durable et l'innovation dans ses projets.

Le cas d'Icade illustre comment le BIM peut agir comme un catalyseur pour le management participatif dans le domaine de la construction et de l'immobilier. Il met en lumière l'utilisation du BIM en tant qu'outil de management participatif dans la phase de conception des projets de construction. Le BIM permet de créer des

1 Boisson, P. (2023). *Le BIM un effet de levier du management participatif.* Mémoire soutenu en Master Management et développement de patrimoines immobiliers, IAE Metz – Université de Lorraine.

modèles 3D détaillés, facilement visualisables et compréhensibles par les clients, même ceux sans formation technique. Cette visualisation concrète aide les clients à appréhender le projet final, facilitant ainsi la communication et l'alignement des attentes dès le début du projet. L'intégration du BIM améliore la transparence dans les projets de construction. Les clients ont accès à une vue d'ensemble du projet, incluant des détails techniques et des estimations de coûts. Cette transparence établit une base de confiance et peut réduire les inquiétudes des clients quant aux dépassements de coûts et aux retards. Avec le BIM, les informations du projet sont centralisées dans un modèle unique, accessible à tous les intervenants, y compris les clients. Cela favorise une participation active des clients dans le processus de conception et de construction, leur permettant d'apporter des commentaires et des modifications en temps réel, améliorant ainsi la collaboration et la satisfaction client. Les modifications de conception sont fréquentes dans les projets de construction. Le BIM facilite la gestion de ces changements en permettant aux modifications d'être visualisées immédiatement et évaluées par les clients. Cela réduit les risques de malentendus et de conflits ultérieurs, car les clients peuvent approuver les modifications avant leur mise en œuvre. De plus, le BIM offre des outils de simulation et d'analyse, tels que l'analyse de la lumière naturelle, de la ventilation et des performances énergétiques, aidant ainsi les clients à prendre des décisions éclairées concernant leurs projets. En présentant des options et des scénarios alternatifs, les clients peuvent mieux comprendre les implications de leurs choix et prendre des décisions plus judicieuses. Comme le souligne Boisson (2023, p. 7), dans le cadre de sa foncière tertiaire, Icade a développé un concept nommé « Imagin'Office ». Ce concept « permet de s'adapter à la demande du client et de moduler au maximum la configuration des bureaux pour qu'ils soient le plus flexibles possible. Ces bureaux sont ainsi vendus clé en main. Les immeubles sont pensés de façon à respecter l'environnement en diminuant drastiquement l'empreinte carbone pour créer des espaces de travail éco-responsables. Cette atmosphère saine est vendue comme propice à la collaboration et l'inspiration. La foncière tertiaire mise donc son offre sur un espace de travail idéal. »

Cependant, le cas d'Icade met également en évidence plusieurs obstacles et inconvénients à l'adoption du BIM. Son adoption et son utilisation effective demeurent inégales et sont largement tributaires de la volonté des équipes de l'adopter pleinement. Cette étude souligne l'importance d'une approche de management participatif pour faciliter l'adoption du BIM, dans le but d'améliorer la coordination des projets et d'accroître la satisfaction des clients. Le cas d'Icade met en lumière les efforts déployés par l'entreprise pour intégrer cette technologie dans ses processus, notamment à travers une charte BIM visant à promouvoir son utilisation aussi bien en interne qu'avec les partenaires et les clients. Cette « Charte BIM » mise en place par Icade est présentée comme un élément clé de la stratégie de numérisation de l'entreprise. Elle représente la formalisation de l'engagement de l'entreprise envers l'adoption et l'implémentation du BIM. Cette charte décrit les principes directeurs et les pratiques qu'Icade s'engage à suivre pour intégrer le BIM dans ses opérations. Le BIM est identifié comme un outil crucial pour améliorer la conception, la réalisation et l'exploitation des bâtiments futurs. La charte vise à standardiser l'utilisation du BIM à travers les différents départements et projets chez Icade, favorisant ainsi une collaboration accrue et une gestion plus efficace des projets de construction. Elle encourage la collaboration entre tous les acteurs d'un projet de construction (architectes, ingénieurs, constructeurs, etc.) en utilisant une plateforme commune pour le partage d'informations, ce qui est censé réduire les erreurs, optimiser les coûts et améliorer la qualité des constructions. En outre, la charte BIM d'Icade intègre un volet sur le développement durable, où le BIM est utilisé pour optimiser les aspects environnementaux des projets, notamment en améliorant l'efficacité énergétique des bâtiments et en réduisant l'impact environnemental des matériaux de construction. Elle envisage également l'utilisation du BIM pour améliorer l'expérience des clients, en leur offrant des visualisations plus précises et interactives de leurs projets immobiliers, facilitant ainsi leur prise de décision et leur satisfaction. Selon Boisson (2023, p. 14), la perception qu'Icade a du BIM est « principalement tournée vers le client final qui est l'acquéreur. En effet, la maquette numérique pourra être utilisée pour la maquette commerciale et permettra aux futurs clients de se projeter au mieux sur leur future acquisition. Le fait d'acheter sur plan limite la projection des acquéreurs mais grâce à cette nouvelle technologie il sera possible d'avoir un plan plus réaliste en 3D et offre même la possibilité d'effectuer une visite virtuelle. C'est un argument commercial de taille qui permet une acquisition plus facile que sur des plans 2D. L'avantage que présente cette technologie pour Icade en tant que maître d'ouvrage est la simultanéité qu'il peut avoir en ayant la possibilité de faire des modifications de toute sorte sur un plan appelé dans le secteur des "travaux modificatifs acquéreurs". Les informations sont donc disponibles sur le support unique à jour et visible par tous les acteurs et corps d'état de la construction. » L'objectif ultime de la charte BIM est d'intégrer pleinement le BIM dans tous les processus d'Icade, affirmant ainsi le leadership de l'entreprise dans l'utilisation de technologies avancées dans le secteur de l'immobilier.

BIM et résistance au changement : les cas du SID[1] et de OPHEA[2]

Le BIM, qui représente une avancée significative dans l'industrie de la construction, améliore notablement la planification, la conception, la gestion et la maintenance des bâtiments. Toutefois, l'intégration du BIM dans les pratiques courantes peut parfois rencontrer

---

1 Vatry, J. (2020). *Quelle transition mener au SID pour accompagner l'implantation d'un nouvel outil ? Le cas du BIM*. Mémoire soutenu en Master Management et développement de patrimoines immobiliers, IAE Metz – Université de Lorraine.

2 Himber, R. (2023). *L'accommodation du collaborateur à la gestion de donnée patrimoniale : un facteur de performance pour un bailleur social*. Mémoire soutenu en Master Management et développement de patrimoines immobiliers, IAE Metz – Université de Lorraine.

des réticences, reflet de la résistance au changement inhérente à toute organisation. Nous explorerons comment deux organisations, le SID et OPHEA, font face à ces défis et cherchent à surmonter ces obstacles, démontrant ainsi l'évolution progressive de l'adoption du BIM au sein de ces deux structures.

Le Service d'infrastructure de la Défense (SID) constitue une entité administrative française relevant du ministère des Armées. Créé en 2005 par la fusion du Service du Génie et de l'Infrastructure de l'Armée de Terre (SGIAT) et d'autres organismes similaires de l'armée de l'Air et de la Marine, le SID a pour principale mission la gestion des infrastructures et des installations nécessaires au fonctionnement de la Défense nationale française. Le cas du SID met en lumière l'adoption et l'intégration du BIM, particulièrement au sein de son établissement de Metz. L'objectif principal de l'étude de cas menée est d'identifier les meilleures stratégies pour faciliter l'introduction et l'utilisation efficace du BIM, un outil numérique promettant de révolutionner la gestion des projets de construction grâce à une modélisation précise des informations du bâtiment. L'étude met en avant les avantages du BIM, notamment une collaboration améliorée entre les différents acteurs d'un projet de construction, une optimisation des processus de travail et une capacité accrue à gérer efficacement les ressources à toutes les étapes du cycle de vie d'un bâtiment. Elle aborde également les défis liés à son adoption, tels que la nécessité de modifier les pratiques existantes, de former les équipes et d'investir dans de nouvelles technologies. Une part significative de l'étude est consacrée à la formulation de recommandations pour réussir la transition vers le BIM au sein du SID. Ces recommandations s'appuient sur une compréhension approfondie des spécificités organisationnelles de l'entité et visent à encourager l'adoption du BIM comme une norme dans les pratiques de gestion de projet de construction. L'étude souligne l'importance cruciale de la gestion du changement, de la formation continue et du leadership éclairé pour intégrer avec succès le BIM dans les opérations du SID. Elle met en avant le potentiel du BIM pour transformer la manière dont les projets de construction sont gérés, en favorisant une approche plus intégrée, collaborative et efficace, susceptible de conduire à une amélioration significative de la satisfaction client et à une valeur ajoutée pour l'entreprise.

Dans la même veine, le cas de OPHEA nous éclaire sur la manière dont l'adaptation des collaborateurs à l'utilisation de nouveaux outils technologiques, notamment le BIM, peut renforcer la performance organisationnelle dans le domaine du logement social. OPHEA, l'Office public de l'habitat de l'eurométropole de Strasbourg, joue un rôle essentiel dans la gestion du parc de logements sociaux de cette région. En tant qu'Office public de l'habitat (OPH), OPHEA est un acteur clé de la politique du logement social à Strasbourg et dans ses environs, en proposant des solutions de logement abordables pour les personnes et les familles à revenus modestes. Le cas de OPHEA met en lumière l'importance cruciale de la gestion des données patrimoniales dans l'optimisation des processus métier. Comme le souligne Himber (2023, p. 11), « La gestion efficace des données patrimoniales est essentielle pour assurer une maintenance à la fois préventive mais aussi afin de prévoir les travaux nécessaires pour garantir la sécurité et le confort des locataires dans le temps. Il est également question de sérénité financière pour l'entreprise utilisatrice de la donnée. » La capacité des collaborateurs à s'adapter et à utiliser efficacement le BIM est considérée comme un levier potentiel pour améliorer à long terme les performances budgétaires et techniques de l'organisation.

L'étude identifie également les obstacles à l'utilisation du BIM et suggère des améliorations possibles pour OPHEA, en tenant compte des résistances au changement et de la nécessité d'une formation adéquate des employés. En effet, certains collaborateurs peuvent éprouver des difficultés à s'adapter aux nouvelles méthodes de travail que requiert l'outil BIM, ce qui peut ralentir son intégration et son acceptation au sein de l'entreprise. Le manque de compétences spécifiques liées à l'utilisation du BIM est un autre obstacle majeur. Sans une formation adéquate, les collaborateurs peuvent ne pas être en mesure d'exploiter pleinement les capacités du BIM, ce qui limite son potentiel pour améliorer l'efficacité opérationnelle. L'intégration du BIM avec les autres systèmes informatiques de l'entreprise peut poser également des défis techniques, notamment en termes de compatibilité et de cohérence des données entre les systèmes. Et enfin, l'adoption du BIM peut représenter un investissement financier considérable pour l'entreprise, notamment pour l'acquisition de logiciels, la formation des employés et la mise à jour des systèmes informatiques. Ces obstacles nécessitent une approche bien planifiée pour la gestion du changement, incluant des formations adaptées, un soutien continu de la direction et une stratégie d'intégration technologique efficace.

Ces deux études de cas démontrent que l'intégration du BIM requiert des formations exhaustives pour démystifier la technologie et mettre en lumière ses avantages. La direction de l'organisation doit communiquer de manière transparente comment le BIM peut améliorer l'efficacité, réduire les coûts à long terme et améliorer la qualité des projets. Il est crucial de lier l'utilisation du BIM aux objectifs spécifiques de l'entreprise afin de démontrer sa valeur ajoutée. Adopter une approche progressive peut contribuer à minimiser les perturbations. Commencer par de petits projets ou des phases de projet avant de généraliser l'utilisation du BIM permet aux équipes de s'adapter plus facilement. L'engagement et le soutien des dirigeants sont essentiels pour surmonter la résistance au changement. Les dirigeants doivent promouvoir activement le BIM et soutenir l'équipe à travers les transitions. Encourager le partage d'expériences positives et le mentorat entre les employés maîtrisant le BIM et ceux qui apprennent peut renforcer la confiance et l'acceptation. En conclusion, bien que la résistance au changement constitue un défi lors de l'implémentation du BIM, une approche stratégique et soutenue peut contribuer à minimiser ces obstacles et à faciliter une transition réussie vers une utilisation plus intégrée du BIM.

Conclusion

En conclusion de ce chapitre dédié à l'impact du BIM sur la relation client, il est évident que le BIM dépasse largement le cadre d'un simple outil technologique. Il redéfinit les interactions entre les acteurs d'un projet, améliorant ainsi la communication, la collaboration et l'efficacité opérationnelle à toutes les étapes du cycle de vie d'un bâtiment. Le BIM, en tant qu'outil collaboratif, a prouvé sa capacité à intégrer et à synchroniser efficacement les efforts de diverses parties prenantes, notamment les architectes, les ingénieurs et les clients, ce qui facilite une gestion de projet plus transparente et plus précise. Cela permet non seulement d'optimiser les coûts et de réduire les délais de réalisation, mais aussi d'améliorer la satisfaction du client grâce à une meilleure visualisation et compréhension des projets avant leur concrétisation. L'adoption du BIM offre également des avantages substantiels en termes de personnalisation de l'expérience client, permettant des ajustements précis selon les préférences des clients tout au long du processus de conception. De plus, il joue un rôle crucial dans le développement durable en facilitant la construction de bâtiments plus écologiques et énergétiquement efficaces.

Pourtant, malgré ses nombreux avantages, l'implémentation du BIM rencontre des obstacles, notamment la résistance au changement parmi les professionnels et les coûts initiaux associés à sa mise en place. La formation continue, l'engagement de la direction et une communication efficace sont essentiels pour surmonter ces défis. En intégrant le BIM dans les pratiques standards de gestion de projet et de relation client, les entreprises du secteur de l'immobilier et de la construction peuvent non seulement améliorer leurs processus internes, mais aussi offrir une valeur ajoutée significative à leurs clients, affirmant ainsi leur positionnement concurrentiel dans un secteur en rapide évolution. Les clients peuvent ainsi réellement devenir partie prenante du projet, devenant des membres à part entière de l'équipe, veillant à ce que tous les intérêts et objectifs soient alignés sur tous les aspects du projet. Avant l'émergence de cet outil, le client était souvent considéré comme un novice dans le processus de construction. Maintenant, il devient une partie intégrante de celui-ci. De plus, le BIM a révolutionné les relations entre les clients et les professionnels dans une configuration collaborative. Du client passif, le BIM l'engage dans une dynamique de collaboration et d'action avec tous les professionnels et parties prenantes du projet. Il devient ainsi un client averti et un acteur aux côtés des professionnels, participant activement au projet. La transparence est un avantage clé de ce modèle, car les coûts, le calendrier et les progrès sont partagés entre toutes les parties concernées, créant un sentiment de sécurité et d'implication pour tous les acteurs du projet, notamment pour le client, qui devient ainsi un élément clé du processus de conception et de construction.

Bibliographie

Abanda, F.H., Mzyece, D., Oti, A.H., & Manjia, M.B. (2018). A Study of the potential of cloud/mobile BIM for the management of construction projects. *Applied System Innovation*, 1(2): 9.

Agre, P.E. (1990). Plans and Situated Actions: The Problem of Human-Machine Communication. *Artificial Intelligence*, 369-384.

Alwan, Z., Jones, P., & Holgate, P. (2017). Strategic Sustainable Development in the UK Construction Industry, through the Framework for Strategic Sustainable Development, Using Building Information Modelling. *Journal of Cleaner Production*, 140: 349-358.

Azhar, S. (2011). Building Information Modelling (BIM): Trends, Benefits, Risks and Challenges for the AEC Industry. *Leadership and Management in Engineering*, 11: 241-252.

Aznal, C., & Barry, H. (2017). Maquette numérique et compréhension réciproque dans le logement social. *Communication & Organisation*, 52, 201-216. https://doi.org/10.4000/communicationorganisation.5762

Bamgbose, O.A., Ogunbayo, B.F., & Aigbavboa, C.O. (2024). Barriers to Building Information Modelling Adoption in Small and Medium Enterprises: Nigerian Construction Industry Perspectives. *Buildings (Basel)*, 14(2): 538. *https://doi.org/10.3390/buildings14020538*

Bielawski, L., & Boyle, J. (1996). *Electronic Document Management Systems: A User Centered Approach for Creating, Distributing, and Managing Online Publications*. Prentice Hall Ptr.

BSI – British Standards Institution (2010). *Constructing the business case – Building information modelling*. Building SMART – International Alliance for Interoperability.

Chaffey, D., & Ellis-Chadwick, F. (2019). *Digital Marketing* (7th ed.). Pearson.

Davenport, T.H., & Harris, J. (2007). *Competing on Analytics: The New Science of Winning*. Harvard Business School Press.

Dourish, P. (2003). The Appropriation of Interactive Technologies: Some Lessons from Placeless Documents. *Computer supported cooperative work*, 12(4): 465-490.

Dussauge, I. (2010). Technology and Society: Building Our Sociotechnical Future. *Technology and Culture*, 778-780.

Eastman, C., Teicholz, P., Sacks, R., & Liston, K. (2008). *BIM Handbook: A Guide to Building Information Modeling for Owners, Managers, Designers, Engineers, and Contractors*. Princeton University Press.

GhaffarianHoseini, A., Zhang, T., Nwadigo, A., GhaffarianHoseini, A., Naismith, N., Tookey, J., & Raahemifaral, K. (2017). Application of nD BIM Integrated Knowledge-Based Building Management System (BIM-IKBMS) for Inspecting Post-Construction Energy Efficiency. *Renewable & Sustainable Energy Reviews*, 72: 935-949.

Hollebeek, L.D., Srivastava, R.K., & Chen, T. (2019). S-D Logic–Informed Customer Engagement: Integrative Framework, Revised Fundamental Propositions, and Application to CRM. *Journal of the Academy of Marketing Science*, 47(1): 161-185.

Jalaei, F., & Jrade, A. (2015). Integrating Building Information Modeling (BIM) and LEED System at the Conceptual Design Stage of Sustainable Buildings. *Sustainable Cities and Society*, 18: 95-107.

Kotler, P., & Keller, K.L. (2016). *Marketing Management* (15th ed.). Pearson Education.

Olawumi, T.O., & Chan, D.W.M. (2018). Identifying and Prioritizing the Benefits of Integrating BIM and Sustainability Practices in Construction Projects: A Delphi Survey of International Experts. *Sustainable Cities and Society*, 40: 16-27.

Olawumi, T.O., & Chan, D.W.M. (2019). Building Information Modelling and Project Information Management Framework for Construction Projects. *Journal of Civil Engineering and Management*, 25(1): 53-75.

Patrascu, M., & Hémont, F. (2019). Propagation du collaboratif comme idéologie : le cas du processus d'institution du BIM. *Communication & Organisation*, 55, 71-90. *https://doi.org/10.4000/communicationorganisation.7752*

Pittet, P, Cruz, C. & Nicolle, C. (2014). An Ontology Change Management Approach for Facility Management. *Computers in Industry*, 65(9): 1301-1315.

Poirier, E.A., Staub-French, S., & Forgues, D. (2015). Assessing the Performance of the Building Information Modeling (BIM) Implementation Process within a Small Specialty Contracting Enterprise. *Canadian Journal of Civil Engineering*, 42(10): 766-778.

Rasolofo-Distler, F. (2023). L'usage des outils numériques dans le pilotage des bâtiments durables. Dans F. Rasolofo-Distler (dir.), *L'immobilier face aux défis du numérique – Aspects juridiques et managériaux* (pp. 121-141). Mare & Martin.

Richards, K.A., & Jones, E. (2008). Customer Relationship Management: Finding Value Drivers. *Industrial Marketing Management*, 37(2): 120-130.

Schwegler, B. (2010). Green BIM: Successful Sustainable Design With Building Information Modeling by Eddy Krygiel and Bradley Nies. *Journal of Industrial Ecology*, 14(5): 859-860.

Sholeh, M.N., Nurdiana, A., Setiabudi, B. & Suharjono (2020). Identification of Potential Uses of Building Information Modeling (BIM) for Construction Supply Chain Management: Preliminary Studies. *IOP Conference Series. Earth and Environmental Science*, 448(1): 12064.

Siadou-Martin, B., Pellat, G., Vidal, D. & Poujol, F. (2014). Relation au fournisseur : impératif de multicanalité et gestion des émotions. *Management & Avenir*, 72, 177-199. https://doi.org/10.3917/mav.072.0177

Stake, R. (1995). *The Art of Case Study Research*. Thousand Oaks: Sage Publications.

Suchman, L.A. (1987). *Plans and Situated Actions: The Problem of Human-Machine Communication*. Cambridge New York: Cambridge University Press.

Sutton, M.J.D. (1996). *Document Management for the Enterprise: Principles, Techniques and Applications*. John Wiley & Sons.

Tong, C., Wong, A. & Lee, W. (2015). Barriers to Software Adoption: A Study of Building Information Modelling Technology in the Hong Kong Construction Industry. *Journal of Management Research*, 15(3): 179-194.

Ullah, K., Lill, I., & Witt, E. (2019). «An Overview of BIM Adoption in the Construction Industry: Benefits and Barriers», Lill, I. and Witt, E. (Ed.) *10th Nordic Conference on Construction Economics and Organization* (*Emerald Reach Proceedings Series, Vol. 2*), Emerald Publishing Limited, Leeds, pp. 297-303. *https://doi.org/10.1108/S2516-285320190000002052*

Webster, J., & Watson, R.T. (2002). Analyzing the Past to Prepare for the Future: Writing a Literature Review. *MIS Quarterly*, 26(2): xiii-xxiii.

Williams, R., & Edge, D. (1996). The Social Shaping of Technology. *Research Policy*, 25(6): 865-899.

Wright, M. (2014). *Building information modelling* (BIM). Engineering, Computer Science.

Yin, R.K. (2018). *Case Study Research and Applications: Design and Methods* (6th ed.). Thousand Oaks.

Conclusion

Par Fana Rasolofo-Distler

Cette exploration des effets du numérique et de la digitalisation dans les relations clients-professionnels dans le secteur immobilier nous amène à réfléchir sur le rôle crucial de l'humain et du professionnel, notamment en tant que valeur ajoutée dans l'offre de service. Nous avons examiné comment les outils numériques et digitaux, les plateformes en ligne, les applications mobiles et les technologies émergentes telles que le BIM et la réalité virtuelle ont révolutionné l'immobilier, améliorant l'efficacité, la transparence et l'accessibilité dans ce secteur. Ces technologies permettent aux professionnels d'atteindre un public plus large, de simplifier les processus de recherche et de transaction et d'offrir des expériences client plus personnalisées. L'adoption de ces technologies facilite également une meilleure gestion des données et une prise de décision optimisée basée sur des analyses détaillées. Les outils de communication numérique ont simplifié la collaboration entre les différents acteurs de la chaîne de valeur, accélérant les transactions. Cependant, les témoignages de professionnels soulignent que, malgré les avantages de la digitalisation, elle ne remplace pas la relation humaine et l'expertise professionnelle. La confiance et la compréhension des besoins individuels des clients restent essentielles dans l'accompagnement. En fin de compte, la technologie numérique, tout en rationalisant et optimisant les processus, libère les professionnels des tâches à faible valeur ajoutée, leur permettant de se concentrer sur ce qui est crucial : répondre aux besoins des clients de manière empathique, fiable et disponible. L'immobilier, impliquant souvent une charge émotionnelle significative pour le client, nécessite une approche qui prend en compte ces dimensions émotionnelles pour optimiser la qualité de la relation client.

Présentation des auteurs

Fana Rasolofo-Distler est Professeure des Universités en sciences de gestion et du management à l'IAE Metz School of Management – Université de Lorraine. Elle est membre du Centre européen de recherche en économie financière et gestion des entreprises (CEREFIGE). Spécialiste en gestion immobilière, elle a développé une expertise dans ce domaine, ce qui l'a amenée à fonder la Chaire European Real Estate Management (EREM) en 2018. Cette chaire vise à innover et à impulser des réflexions nouvelles dans les pratiques des métiers de l'immobilier, tout en aidant les entreprises immobilières à s'adapter aux mutations numériques, écologiques et sociologiques actuelles. Elle a publié de nombreux travaux dans le domaine de la gestion immobilière et joue un rôle clé dans la formation des futurs professionnels de l'immobilier.

Nathalie Gardes est Maître de conférences HDR et dirige la licence Métiers de l'immobilier à l'IUT de Bordeaux. Membre de l'Institut de recherche en gestion des organisations (IRGO), ses recherches se concentrent sur le marketing immobilier. Auteur expert pour le journal de l'agence, elle est activement impliquée auprès des professionnels du secteur. Elle fait notamment partie du comité éditorial du salon RENT et elle est également membre du think tank sur le logement de l'Institut Sapiens.

Sandrine Heitz-Spahn est titulaire d'un doctorat en Sciences de Gestion et est Maître de conférences, habilitée à diriger des recherches à l'Université de Lorraine. Elle enseigne le marketing digital, la distribution et les fondamentaux du marketing. Elle exerce des responsabilités pédagogiques de formation au sein de l'IAE de Metz-School of Management. Ses recherches portent sur l'analyse des processus de décision des consommateurs et des organisations, en particulier dans le contexte du retail. Elle travaille également sur la thématique de l'attractivité du commerce de centre-ville et a coordonné un ouvrage de recherche collectif intitulé *(R)évolution du commerce de centre-ville : de l'état des lieux à la résilience ?* aux Éditions Universitaires de Lorraine. Ses travaux de recherche ont été publiés dans des revues scientifiques à rayonnement national et international (*Décisions Marketing, Journal of Retailing and Consumer Services, International Journal of Retail and distribution Management, Journal of Strategic Marketing*).

Béatrice Siadou-Martin est Professeur des Universités à l'Institut Montpellier Management (MOMA), Université de Montpellier. Membre de la Chaire Maréson (Marketing responsable et bien-être), elle exerce ses activités de recherche dans le laboratoire Montpellier Recherche en Management (MRM) où elle co-anime l'équipe de recherche « marketing ». Ses travaux de recherche s'inscrivent dans la consommation responsable et visent à comprendre les sources de valorisation des pratiques ainsi qu'à étudier les stratégies de communication qui permettent d'accompagner le changement comportemental dans un contexte de durabilité et de digitalisation.

Thierry Cheminant est Conseiller formation du Président de la FNAIM, après avoir dirigé l'École supérieure de l'immobilier de 2004 à 2022. Doctorant en sciences de gestion de la Chaire European Real Estate Management (EREM) – Université de Lorraine et membre du laboratoire de recherche CEREFIGE, ses travaux de recherche portent sur la digitalisation des organisations. Il est également professeur vacataire auprès de l'Université de Perpignan et de l'Université de Lorraine.

Frédéric Distler est Maître de Conférences à l'IAE Metz School of Management – Université de Lorraine, et responsable pédagogique du Master MDPI (Management et développement de patrimoines immobiliers). Il est chercheur au sein du Centre européen de recherche en économie financière et gestion des entreprises (CEREFIGE) et de la Chaire European Real Estate Management (EREM). Ses recherches portent actuellement sur l'expertise client et la relation client. Il enseigne la sociologie de l'immobilier, l'entrepreneuriat et le management de projet, l'épistémologie et la théorie des organisations. Il a publié de nombreux travaux dans le champ de l'immobilier et joue un rôle clé dans la formation des futurs professionnels de l'immobilier.

87015 – (I) – OSB 90° – NOC – MSN
Dépôt légal : octobre 2024
N° 2993268N
DUPLIPRINT
733, rue Saint-Léonard,
53100 MAYENNE